ファシリテーション養成講座

ファシリテーションの手引き書

大下　茂　編著

共同文化社

はじめに

　人が複数人いると、そこにはコミュニケーションが発生します。コロナウイルス感染症の蔓延により対面ではなくオンラインでの会議や授業が余儀なくされて以降、コミュニケーション下手な人が増えてきていると言われています。私たちが専門とするまちづくりの現場や観光事業を推進するための研究会等では、その道のプロフェッショナルだけではなく、多様な人材・主体が集まる機会も増えてきました。企業内や役所においても、組織横断型プロジェクトが組成され、多様な年齢層や性別の職員が一堂に会する会議・ミーティングの機会も少なくありません。加えて、社会環境の変化は著しく、前例主義で同じことを繰り返しているだけでは、時代に取り残される時代となってきており、朧気ながら危機感を覚える人も少なくないのです。

　公式な会議、非公式な集まり、あるミッションで集まっているチームミーティング等の中で、次のようなことを感じたことはありませんか？　まずはチェックしてみてください。

◆ **チェックしてみよう！**
―貴方が参加しているミーティングや研究会ではいくつ該当しますか??

□ 会議の中では意見が出ない・アイディアを言えない雰囲気である
□ 若者や女性が積極的に意見しない、意見を出してもスルーされている
□ いつも結論まで至らず、会議が廻っている
□ トップダウンの会議（伝達形式の会議）になっている
□ トップや上司の顔色をみて「御意!!」の会議となっている

- □ひとり（声が大きく威圧的な態度）の意見に引っ張られている
- □会議がやたらと長く、予定の時間に終わらない
- □段階的に議論が深まっていると感じられない会議が定期的に開催されている
- □討議の中で意見が対立し感情的になって進まない
- □会議中に否定したり攻撃する発言がある
- □評論家が多く、建設的な意見はでない、まるで他人事の意見が多い
- □ひとが話している中に割り込んで発言し話題を変えてくる
- □アイディアや解決策が見出せず皆で顔をみながら悩んでいる

　本来は、違った考え方の人と話をすることは、刺激が得られて楽しいはずです。知っていると思っていたことにも新たな気づきを得られたり、考えもしなかったことに"はっ‼"とする驚きも得られます。惰性での会議への参加、義務としての参加ではなく、貴重な時間を取られるならば、「参加してよかった」と思える時間にしてほしいものです。そこには、何が足りないのでしょうか。

　そこなんです。ファリシテーションの技を有している人が加わることで、会議・ミーティングは、楽しい雰囲気に、建設的な場面に、また参加したいミーティングへと替えることができるのです。

目次

はじめに ……………………………………………………………………… ii

1 入門編 ①ファシリテーションの背景・意義・効果と役割

- 1-1 なぜ、ファシリテーションは必要とされるのか？ ………… 1
- 1-2 ファシリテーションの意義・効果と役割 ………………… 7
- 1-3 ファシリテーション導入が求められるシーン …………… 13

2 入門編 ②ファシリテーションの概要と必要となるスキル・技

- 2-1 ファシリテーターとコーディネーター ………………… 15
- 2-2 ファシリテーションに必要な技量・スキル …………… 17
- 2-3 ファシリテーターとして必要となる手法 ……………… 21
- 2-4 ファシリテーションの基本的な場・環境づくり ……… 23

3 手法編 ファシリテーション手法

- 3-1 達成目標の設定・確認と会議方式の検討 ……………… 29
- 3-2 会議の実施までの主な流れ ……………………………… 38
- 3-3 会議・WSの構成・プログラムの検討 ………………… 40

3-4	会議の告知と設営・環境づくりの手法	48
3-5	ファシリテーターの基本動作	52
3-6	ファシリテーターの進行・運営の流れ	57
3-7	討議の雰囲気を和らげる手法	61
3-8	話を聴き意見を引き出す手法	63
3-9	時間配分を意識し、時間を管理する手法	66
3-10	意見・アイディアの共通性を見抜き達成目標に関連づける手法	68
3-11	意見を集約(再構築)し、流れと展開を意識して図化する手法	70
3-12	参加者がプロセスと到達目標の達成を共有する手法	75
3-13	会議・WS の終了後の対応	77
【番外・補充編】	こんな処にも気配りを……	79

4 発展編 ファシリテーションのスキルアップに向けて

4-1	ファシリテーション終了後の振返りと改善に向けて	87
4-2	ファシリテーション技術向上に向けての日常的習慣とスキルアップのトレーニング	89
4-3	ファシリテーション手法の活用分野	93

入門編　**1** ファシリテーションの背景・意義・効果と役割

1-1 なぜ、ファシリテーションは必要とされるのか？

1 こんな人が会議をリードしてくれたら

　会議・ミーティングのシーンでよくある風景のいくつかを、はじめにで紹介しました。そんな状況の中で、誰かが仕切ってくれたら会議・ミーティングが円滑に進むのにと思ったことがあるはずです。

　例えば、「中立的な立場で会議を進行してくれる人はいないかな」「立場や職位に関係なく公平に意見を吸い上げてほしいな」「小さな決定事項でもよいので合意形成に導いてくれる人がいてほしい」「参加していて良かったと思える"楽しいミーティング"であれば次も参加したい」等の心の声が聞こえてきています。

　現状の会議・ミーティングには何が不足しているのでしょうか。これは、〔中立性〕〔公平性〕〔合意形成〕〔相互理解〕〔楽しい会議〕という5つのキーワードで現されるものではないでしょうか。この5つのキーワードに関するスキルを携えて会議・ミーティングを仕切ってくれるプロの人材が加われば、きっと会議・ミーティングの雰囲気やイメージは大きく変化してくることになるでしょう。

2 社会環境の4つの変化

　何故、近年とくにこのことがクローズアップされてきているのでしょうか。それは、社会そのものが大きく変化してきていることに

起因しています。それに対応できていないのが、最大の問題なのです。

(1) 組織スタイルの変化

　従来の組織は、指示命令系統が上から下に流れる縦型が基本でした。縦型組織は、組織力を効率的に動かすことには効果があるものの、どうしても指示待ちの意識が蔓延する傾向にあります。情報化（DX）の時代、社会の変化のスピードは想像以上に早く、組織として臨機応変、迅速な対応が余儀なくされてきています。そのために組成されているものが、組織横断型のプロジェクトチームです。

　組織形態としても、従来の「ピラミッド型組織（縦割り）」から「フラット型組織（水平展開）」へと徐々に変わりつつあります。「フラット型組織（水平展開）」には、チームメンバーの自主性や自発性、チームをまとめ上げるリーダーシップ、個々の得意分野やスキルを総合化するチームワークが必要とされ、そのスキルは従来の「ピラミッド型組織（縦割り）」の中では必要とされてこなかったもので、多くの場合、これまでの経験的なスキルが活かされないのです。当然ながら、チームをまとめあげていくためには、それに相応しいコミュニケーションツールが必要となってきます。そのコミュニケーションツールのひとつが、ファシリテーションの技術です。

　なお、本稿では、あるミッションのもとに集まった集団を「チーム」と呼ぶことにします。これまでグループワークといった呼び名が一般的でしたが、あえてチームワークと呼びます。ある一定の規準で集団化された組織である「グループ」とは区別した表現としています。

1-1 なぜ、ファシリテーションは必要とされるのか?

典型的な「ピラミッド型組織（縦割り）」の自治体で進められている「フラット型組織」へのチャレンジ

事例 ❶ 庁内でプロジェクトチームを発足・観光まちづくりの推進をめざす（群馬県甘楽町）

　群馬県甘楽町は織田宗家（織田信長の二男・信雄）の城下町です。世界遺産に登録された富岡製糸場に隣接していることから、富岡製糸場の来訪者からの誘客を図ろうとしていました。これまでの甘楽町は観光的取組みを実施した実績もなく、観光客を迎え入れる環境やお土産品もなかったため、庁内の各課からメンバーを募り、甘楽町観光まちづくりに向けたプロジェクトチームを組織化しました。

　観光まちづくりの専門家をコーディネーターとして招聘し、4カ年にわたって、数々の取組みに着手しました。初年度は8回のミーティングを開催し、ファシリテーターを登用して、まずは検討事項の洗い出しから着手し、チームメンバーからのアイディアを取りまとめて事業化する方法を採りました。4カ年の間に、来訪者のアンケート調査・行動調査の実施と解読、お土産となるグッズの開発、未活用の町家を活かした観光拠点施設の整備、地域回遊のサイン類の更新・充実等に順次、取組みました。これまでは所掌業務内での仕事に限定されていたものの、新しい取組みに積極的に取組むとともに、担当課に戻って日常的な業務の遂行に当たっても、視野の広がりとスキルに加え、先行して入手した情報が本業にプラスの影響を与える効果も生まれました。

> **事例 ❷**　「公公連携」をあえて明記（東京都北区の観光推進）
>
> 　観光の本来的な意味は「地域の光を観せること」にあるものの、通常は経済振興の手段として捉えられがちです。そのようなことから、誘客戦略や消費拡大戦略が論点となることが少なくありません。東京都北区は、当時、"これっ"といった集客資源を有していなかったことから、観光振興に取組むにあって、事業化へのプロセスを重視しました。住民に対しての意識啓発からスタートし、人々の「その気」や「やる気」を誘発するとともに、重点的に取組む事業においては、その進め方に注力しました。
>
> 　組織間の連携には、「民」と「民」との『民民連携』、さらに『公民連携』、そして『公公連携』があります。『民民連携』は、民間組織間でビジネス化（収益）が見込めると、わざわざ表現しなくても自然に連携は進みます。『公民連携』はお互いの組織の長所と短所を補い合うことで一歩進めることが可能となります。問題は『公公連携』であり、中でも行政内の所掌業務の縦割り意識が問題となります。北区の検討会では、観光事業の推進を通じて庁内に横串を通して風通しをよくすることを企画しました。現在、地域の名所である「飛鳥山」の有効活用・事業化に向けて、プランの中で取組み内容を明記し、事業推進のための「公公連携」の戦略を明確化しています。

(2) デジタル化の弊害

　高度情報化社会の到来といわれてから久しいですが、近年のデジタル技術の発達・定着・発展、特にスマホが生活に浸透してからは、公共交通機関の中での様子からも推察されるように生活スタイルそのものも著しく変化してきています。スマホ依存の生活といってもよいのかもしれません。

情報収集ひとつをとってみても、スマホに常に新しい情報が流れてきます。かつてのように、自分の意思をもって主体的に情報を取りにいかなくても勝手に送られてきたものを取捨選択だけをすればよいのです。配信されてくる情報が表層的なものであることを除けば生活する上で支障はない状況です。また、仮想空間の中でのコミュニケーションが生まれ、仮想通貨で決済がされる等、現実の社会とは別の空間で楽しい時間を過ごすこともできるようになっています。受動的な状況が通常の状況となってきているのです。

　コロナウイルス感染症の蔓延から対面ではなくオンラインでの業務遂行や授業等が勧められて以降、若者を中心にコミュニケーションが苦手な人、主体性がなく受動的な人が増加してきています。特に、子どもの頃からスマホに慣れ親しんでいる世代を中心に、このような傾向が顕著にみられる状況にあります。非対面型のコミュニケーションツールに頼ってきたことから、直接的コミュニケーションを避ける傾向にあるのです。コミュニケーション不足や主体性が欠如した人材もメンバーの一人としての活躍が求められているのです。そのような中で主体性をもつような意識改革を促すこともファシリテーションに期待されているのです。

(3)「問題発見」と「問題解決」の高度化・複雑化への移行

　企業、自治体や生活を取り巻く環境と価値観は大きく変化し、多様化してきています。特に変化のスピードは著しく、先が読めない時代の中にあるのです。それぞれの組織の「問題発見」と「問題解決」のテーマは高度になり、様々なことが関わり合っている複雑化した状況にあります。これまでのような経験則によって打開できる状況ではなく、現場で直面していることは、迅速に現場で対応する

ことが求められているのです。まさに、「ピラミッド型組織（縦割り）」ではなく「フラット型組織（水平展開）」によって問題を解決することを期待されているのです。

　お手本のない時代です。経験則に頼らず、現実化している問題への場当たり的対応ではなく、全体の目指す姿・目標を明確にもち、その達成のための行動に至るプロセスを企画・構想すること、そしてそれをメンバーが共有する、まさにファシリテーションが求められているのです。

(4) 市民が主役のまちづくり・地域（組織）ぐるみでの事業展開

　我々が活動している地域づくり・まちづくりの現場においては、地域課題は多岐にわたり行政だけでは対応できない状況になりつつあります。歴史に紐解くまでもなく、そもそも地域の主役は、そこで暮らす住民であったのです。行政が管理する「公」と、個人管理の「私」の間には、「共」の領域があり、これまではそれを両者で折り合いをつけて整えてきていたのです。

　社会基盤の維持・管理、教育、福祉、安心・安全、災害への備え等のまちづくりの領域においては、これまで以上に住民が主体となって地域ぐるみでの取組みを展開する必要があります。行政は、コーディネーター役、あるいはプロデューサー役となって現場で一緒に試行錯誤することが求められてきます。役所の中だけで仕事が回る時代ではなくなってきているのです。

　まちづくりの現場に出向いて、様々な価値観をもつ住民と心をあわせること、まさにそこにはファシリテーションの技術が求められています。地域の盛衰は行政職員の技量にあり、自分自身にツケが回ってくる時代にあると理解しておくことが必要でしょう。

1-2 ファシリテーションの意義・効果と役割

1 ファシリテーションの8つの意義・効果

　社内通知等で示された「決められたこと」が何故、実行できないのか。誤解を恐れず端的かつ総括的に表現すると、「所詮、他人事」だからです。決定に至ったプロセスも知らされず、結果に納得も共有もしていない―「自分事」とは思えないのは当然の結果です。

　決定に至るプロセスに主体的に参加し理解していること、納得感をもって討議結果を受入れ、それをメンバー間で共有できていれば、目標に向けてメンバーが一体感をもって行動に移せるのではないでしょうか。

　ファシリテーションは、会議・ミーティングを効率的に運営するためだけでなく、その後の行動力の結集にも影響してくるのです。そのように会議・ミーティングを運営することがファシリテーションの技術です。ファシリテーションを会議・ミーティングに導入することにより、以下の8つの意義・効果が期待されます。

「公平性」と「中立性」を担保した会議が運営可能となる

　会議・ミーティングのシーンで、第三者の進行調整役が加わることで、「公平性」と「中立性」が確保され、意見の対立に時間を取られることが少なくなります。

1 ファシリテーションの背景・意義・効果と役割

想定した時間の内で会議を円滑かつ効果的に進められる
結論に達しない堂々巡りのこれまで会議や想定終了時間を超えた長い会議から解放され、想定された時間内で円滑かつ効果的な会議・ミーティングが可能となります。

多様なコミュニケーションツールによって活発な意見を引き出せる
年齢・性別・職歴・経験等に左右されず、様々なコミュニケーションツールによって会議・ミーティングが進行されるため、声の小さな意見も議論の俎上に上がります。参加者の心にしまい込んでいる意見・アイディアも引き出されることで、会議・ミーティングへの主体的な関わりが高まる効果が生まれます。

問題解決・計画立案等の場において相互理解と調整機能がはたらく
問題解決や計画立案においては、どうしても意見が対立しがちな場面が少なくありません。しかし、第三者の調整により、双方が理解できる共通事項が明らかとなり、調整が必要なポイントの所在が明確にされることにより、調整のための時間を削ることが可能となります。

参加者の多様な考えの相互理解につなげることができる
進行調整役による会議・ミーティングの運営により、これまでの会議・ミーティングの雰囲気も改善され、ミッションに対するチームメンバーの考え方を相互に知ることができるようになり、メンバーの相互理解が深まる効果も生じます。

参加者が納得できる結論へと導き、合意形成プロセスを共有することができる

　会議・ミーティングの中で出た意見を専門的なスキルからわかりやすく図化して示されることにより、参加者が納得して結論に辿りつくことができるようになります。討議の"見える化"をメンバーが体感することにより、合意形成プロセスを共有することができ、"自分事"として捉える意識改革にもつながります。そのことは、その後の行動にも表れ、"自分事"として個人のスキルに応じた主体的な参画へとつながります。

段階的に議論が深化していることが実感でき、会議への主体的な参加へと導ける

　何を、いつまでに、どのように進めるか等の具体的方法が会議・ミーティングの中で合意形成されるため、会議・ミーティングを重ねる毎に、進捗を把握・実感することができるようになります。事業推進が進み、深められていることの実感は、次の会議・ミーティングまでの期間の行動の源ともなります。

会議に参加することの楽しさを提供し、継続的な参加を引き出せる

　プロのコミュニケーターとしてのノウハウが加わることで、会議・ミーティングが単なる義務的な事業報告会ではなく、建設的なコミュニケーションの場ともなり、会議そのものに参加することが楽しみのひとつとなります。楽しい場であると、継続的な参加意向を高める効果も生じてきます。

2 ファシリテーションの7つの役割

　ファシリテーションすることで、これまでの会議・ミーティングが一変する効果があることがわかりました。しかしこの効果を悪用・乱用することがあってはいけません。会議・ミーティングの依頼者の意向を忖度して特定の結論に導いたり、特定の出席者の発言を封じることのないように注意しましょう。

　あくまでも、ファシリテーションは第三者的立場を基本とし、「公平性」と「中立性」を原則として、次の7つの役割を果たすことを基本とします。

自由・公平な場づくり ── 多様なコミュニケーションツールを用いて、自由かつ公平に意見が出しやすい"場づくり"に専念する

　参加者が検討テーマに楽しく関われるように様々なコミュニケーションツールを駆使したプログラムを準備し、自由かつ公平に意見・アイディアが出しやすい環境づくりを担います。

合意形成プロセスの共有 ── 議論の内容には介入せず、合意形成のプロセスを共有できる環境を整える

　第三者的な中立性を維持し、討議内容そのものには関わらないようにします。あくまでも、提案された意見・アイディアをチームメンバーが共有できよう討議のプロセスを重視した運営に心がけます。

将来性への的確な導き ── 多様化・複雑化する問題解決・計画立案等の場面で将来の展開につながる的確な助言を添える

　社会環境や価値観が多様化・複雑化しています。組織内だけの視

点では、思考・発想には限界があります。参加者が方向性を見失いそうになったら、他地域や他組織の事例から学ぶポイントや、悩んでいる問題点の所在等、必要最小限の的確な助言を添えることも必要です。しかしあくまでも助言程度に留め、合意形成の導きに影響しないように配慮しておきましょう。

阻害要因の排除 ── **討議の阻害要因を排除し円滑かつ効果的に会議を運営する**

　意見の対立や討議の停滞兆候が表面化しそうな場合は、円滑な討議を阻害している要因を排除するように運営します。最も多いケースは意見の対立です。両者の考えを傾聴し、納得できる共通事項を見定めて、対立している内容は代替案として位置づける等の工夫を講じます。状況を注視している他の参加者にマイナスの影響が伝わらないようにすることがポイントとなります。

参加者間の相互理解と共感 ── **参加者同士が相互理解し共感して結論に導けるよう支援する**

　ファシリテーションにおいては、討議過程を図化することで、結論へ導くプロセスを参加者が共感・共有してもらうことが基本です。共同作業をすることは、共感することにもつながる活動の一つです。参加者の協力もいただきつつ、「共につくりあげた結論」という達成感を得ていただくよう運営すること等の工夫も加えるようにしましょう。

徹底した時間管理 —— **設定した時間管理を徹底し、当初の目的・目標に到達できるよう心がける**

　会議の時間は、参加者と進行役との約束事であり、一種の契約です。時間管理は徹底し、当初の目的・目標に近づけるプログラムを着実に時間内に終了することを基本とします。仮に予定時間を超える可能性が生じる場合は、参加者に会議・ミーティングの中で確認しておくことが大切です。

継続性・主体性の創出 —— **継続的・主体的な参加につながる会議の雰囲気づくりに徹する**

　会議・ミーティングの進行にあたっては楽しい雰囲気づくりを心がけます。軽食や飲み物、プログラム間の休憩等を挟みことも効果的です。参加者に楽しい場と感じてもらうことで、会議・ミーティングへの継続的・主体的な参加につながるものです。

入門編　1 ファシリテーションの背景・意義・効果と役割

1-3 ファシリテーション導入が求められるシーン

　ファシリテーションに求められる7つの役割から、〔中立性〕〔公平性〕〔合意形成〕〔相互理解〕〔楽しい会議〕の確保・実現によって、効率的・効果的な会議・ミーティングやワークショップ等を実現する場面での導入が効果を発揮します。

　例えば、身近な会議・ミーティングでは次のような場面でファシリテーションの手法を導入することで効果が期待されます。

☐庁内・社内検討会議におけるファシリテーターの登用
☐シンポジウムでの問題提起と進行・意見の引出しを担うファシリテーターの登用
☐市民参加によるまちづくりワークショップにおけるファシリテーターの登用
☐子どもが参加する体験型ワークショップにおけるファシリテーターの登用　等

庁内プロジェクトチームによる観光まちづくり事業への取組み（群馬県甘楽町）

1 ファシリテーションの背景・意義・効果と役割

佐原まちなか交流館での
シンポジウム
左がファシリテーター
（千葉県香取市佐原）

各種サークル活動の
女性陣を迎えたまち
づくりワーショップ
―まちづくりビジョ
ンを考える（群馬県
伊勢崎市境島村地
区）

親子で参加のまちあるき
イベント―府中の農業に
ついて学ぼう（東京都府
中市）

14

2-1 ファシリテーターとコーディネーター

　ファシリテーション（facilitation）には、「促進する」「助長する」「容易にする」「円滑にする」という意味があります。人々のコミュニケーション活動を容易にできるよう支援し、うまくことが運ぶよう舵取りすることがファシリテーションです。

　ビジネスの分野では、会議・ミーティング等を円滑に進めたり、マンネリ化している組織の活力を高めるための技術をファシリテーションという言葉で使われています。また、地域づくりの分野では、住民参加のまちづくりから近年では市民活動を含む多様な主体によるまちづくりへと向かっています。このように企業やまちづくりの分野では、集団による問題解決、アイディア創造、教育、学習等、あらゆる知識創造活動等が益々求められてきており、その活動を支援し促進する手法が必要となっているのです。

　ファシリテーター（facilitator）とは、その役割を担う人であり、会議で言えば「進行役」「水先案内人」にあたります。会議の開催・進行にあたって、参加者の意見を上手に引き出したり、議論を円滑に進めたりする補助者、調整役、いわゆる、ボトムアップ的調整者のことです。

　まちづくりワークショップの場合では、複数のテーブルで同時に意見交換が進められることがあります。その時には、全体を見渡して調整・管理する専門家が必要となります。その役目をする人が、コーディネーター（coordinator）であり、各テーブルのファシリ

テーターの能力をうまく引き出し、楽しく、効果的なワークショップを全体コーディネートするまちづくりの専門家のことです。

> **参考（関連情報）　ファシリテーションの発祥**
>
> - エンカウンターグループと呼ばれる、グループ体験によって学習を促す技法が1960年代にアメリカで生まれました。その時に、メンバーやグループが成長するために働きかける人をファシリテーターと名づけました。この流れは、体験学習や教育系のファシリテーションとして現在まで続いています。
> - ほぼ同時期に、アメリカのコミュニティ・デベロップメント・センター（CDC）で、コミュニティの問題を話し合う技法としてワークショップやファシリテーションが体系化されていきました。こちらは、市民参加型のまちづくり活動へと受け継がれています。
> - ビジネス分野での応用は、少し遅れた1970年代あたりから、やはりアメリカで始まりました。こちらは、会議を効率的に進める方法として開発され、やがて「ワークアウト」と呼ばれるチームによる現場主導型の業務改革手法に応用されていきました。
>
> 出典：堀公俊『ファシリテーション入門』（日経文庫）
>
> ◆参考となるサイト
> ・特定非営利活動法人　日本ファシリテーション協会
> 　https://www.faj.or.jp/facilitation/
> ・一般社団法人　世田谷トラストまちづくり
> 　※参加のデザイン道具箱シリーズ
> 　https://www.setagayatm.or.jp/trust/goods/webshop/book/intro/design.html#design2

2-2 ファシリテーションに必要な技量・スキル

　日本ファシリテーション協会によると、**表-1**に示す4つのスキルが必要と示しています。この4つのスキルをもとに、さらに細分化すると以下の7つの技量（スキル）がファシリテーターには必要となります。

□**会議の快適な"場づくり"を設営する技量・スキル**
　会議の環境によって参加者の会議・ミーティングへの参加意識は変化します。参加者が主体的に意見を言いやすくなるような環境・場を作り出せるスキルが必要です。

□**会議を効果的に構成・提案・実践する技量・スキル**
　（目的・目標設定・手法）
　会議開催の目的・目標を主催者と共有し、その達成のために有効なコミュニケーションツールを導入するプログラムを提案し実践できるスキルが必要です。

□**意見・アイディアを多様なコミュニケーションツールにより**
　引き出す技量・スキル
　単なる意見交換の進行だけではなく、時にはゲーム感覚での意思決定をしたり、潜在的（あるいは本音）なアイディアを巧みなトークで引き出す等の話術を持ち合わせておくことが必要です。

2 ファシリテーションの概要と必要となるスキル・技

表-1 日本ファシリテーション協会による4つのスキル

4つのスキル	内容
1. 場のデザインのスキル 〜場をつくり、つなげる〜	なにを目的にして、誰を集めて、どういうやり方で議論していくのか、話し合いの段取りからファシリテーションは始まります。最適な議論の進め方や論点を提案して、メンバーに共有してもらわなければなりません。単に人が集まってもチームにはならず、目標の共有から共同意欲の醸成まで、チームビルディングの良し悪しがその後の活動を左右します。 あわせて、討議の時間やメンバー同士の関係性を適切にデザインして、話しやすい場を用意する必要があります。人は環境によって振る舞い方が大きく変わるからです。ファシリテーターがどういう構えで場に臨むのかも見逃せない要素です。
2. 対人関係のスキル 〜受け止め、引き出す〜	話し合いが始まれば、できるだけたくさんの意見や考えを出し合い、理解と共感を深めながらアイデアを広げていきます。これを発散と呼びます。すべて出し尽くすことで、これから生み出す結論への合理性と納得感を高めていきます。 このときファシリテーターは、しっかりとメッセージを受け止め、発言者を勇気づけ、心の底にある本当の思いを引き出していかなければなりません。それと同時に、意見と意見の連鎖をつくり、幅広い論点で考えられるようにします。具体的には、傾聴、応答、観察、質問などのコミュニケーション系(右脳系・対人系)のスキルが求められます。
3. 構造化のスキル 〜かみ合わせ、整理する〜	発散がうまくいけば、自然と収束に向けての気運が生まれてきます。タイミングを見計らい、個々の意見を分かりやすく整理して、しっかりとかみ合わせていきます。その上で、議論の全体像を整理して、議論すべき論点を絞り込んでいきます。そのときに威力を発揮するのが、議論を分かりやすく「見える化」するファシリテーション・グラフィックです。

3. 構造化のスキル 〜かみ合わせ、 　　　　整理する〜	ここではロジカルシンキングをはじめとする、思考系（左脳系・論理系）のスキルの出番となります。物事の枠組みを表すフレームワーク（構造化ツール）を臨機応変に活用すれば、効率よく議論が展開できます。
4. 合意形成のスキル 〜まとめて、 　　　分かち合う〜	結論の方向性が絞られてきたら、いよいよ決定です。なにを基準にして最適な選択肢を選ぶのか、異なる意見をどうやって融合させるのか、決め方を決めなければいけません。 　この時に避けて通れないのが意見の対立です。コンフリクト・マネジメントのスキルを使って適切に対処すれば、創造的な結論が得られ、チームの結束力も高まります。ファシリテーターの力量が最も問われるところです。首尾よく合意ができれば、結論やアクションプランを確認し、話し合いを振り返って次に向けての糧としていきます。

出典：日本ファシリテーション協会による　　https://www.faj.or.jp/facilitation/

□意見・アイディアの共通性を見抜き、展開を意識して描ける技量・スキル

　参加者が納得感をもって合意形成に達するためには、参加者の意識の中にある「共通性」を見出すことが必要です。また、会議・ミーティングによって得られた結論が、社会状況に合致しているとともに、将来に向けても方向性が正しい等、社会状況と照合した解説を加えて、納得感を自信へと拡大していただけるような会議・ミーティングの導きも必要です。

□意見を整理（再構築）・見える化する技量・スキル

　多種多様な意見のなかの共通性とこれからの展開等について納得できるように意見を再構築するスキルと、できれば一目でわか

るように図化（グラフィック化）するスキル、結論を端的に表現する小見出しやキャッチフレーズを添えることができるスキルも持ち合わせておきたいものです。

□参加者が納得感の持てる結論へと導いたプロセスを共有する技量・スキル

　会議・ミーティングの参加者にとっては、討議のプロセスが明確化されることが、納得感のある結論を共有できる基本となります。討議プロセスの中では、参加者同士が互いに意見を尊重・認め合える環境も大切です。参加者を説得するのではなく、自主的・自発的に得られた結論に納得感をもっていただけるように進行するスキルが必要です。

□会議自体の楽しさを演出し、継続的・自発的参加へとつなげる技量・スキル

　楽しくなければ長続きしません。会議・ミーティングに参加すること自体が楽しみになるような会議の雰囲気が保てるような意見の仲介・調整ができる多様なスキルを持ち合わせる必要があります。

入門編　2 ファシリテーションの概要と必要となるスキル・技

2-3 ファシリテーターとして必要となる手法

　ファシリテーターに求められる7つのスキルを示しましたが、具体的にはどのような手法で取組めばよいのでしょうか。ここでは、ファシリテーションを進める段階を意識し、ファシリテーターが有しておく必要のある手法を**表-2**に取りまとめました。具体的な手法については、後述する『手法編』で詳述しています。

表-2　ファシリテーションの段階とファシリテーターとして必要となる手法

段階	ファシリテーターとして必要となる手法
事前準備	○達成目標の設定・確認と会議方法（形式・日程・開催場所）の検討 ○会議の構成・プログラムの検討 ○会議の告知と設営・環境づくりの手法
会議の実践中	○討議の雰囲気を和らげる手法（アイスブレイキング手法） ○話を聴き意見を引き出す手法 ○時間配分を意識し、時間を管理する手法 ○意見・アイディアの共通性を見抜き達成目標に関連づける手法 ○意見の整理（再構築）し展開を意識して図化する手法 ○参加者が納得感を持てる結論へと導く手法
会議の終了時点	○参加者がプロセスと到達目標の達成を共有する手法（成果の発表と総括） ○継続的・自発的参加へとつなげる手法（感謝と予告・余韻づくり）
会議終了後	○継続的・自発的参加へとつなげる手法（成果の公表・共有） ○次回の会議達成目標の設定・確認と会議方法・会議の構成・プログラムの確認

【会議・ワークショップ等の共通ルール】

　会議・ミーティングでは、最初にファシリテーターの役割を伝えるとともに、「中立性」と「公平性」をもつ立場であることの理解を得た上で、以下に例示する会議のルールを宣言します。複数のテーブルで同時に実施する場合は、総括しているコーディネーターの役目になります。

　審議会や検討委員会では進行は会長・委員長の役目ですが、ファシリテーターが座長役として会長・委員長とは別に会議を運営するケースもあります。

〔会議・ワークショップの5つの留意点・ルール（例）〕
　①意見を否定しない
　②同じ意見でも自分の言葉で
　③ひとりで長く話をしない
　④陳情（苦情）の場面ではない
　⑤自らが"愉しんで"

入門編　2 ファシリテーションの概要と必要となるスキル・技

2-4 ファシリテーションの基本的な場・環境づくり

　入門編の最後に、ファシリテーションを行うにあたって当初からの検討が必要となる①会場の設営・レイアウト、②討議プログラムと、準備物についての概要を解説いたします。詳細については〔手法編〕をあわせて参照ください。

1 会場の設営・レイアウト

　会議やまちづくりワークショップにおいては、参加しやすい時間帯と会場、会議の所要時間がカギを握っています。また、会場の設営として、机と椅子の配置によって「扇形」「サークル型」「ロの字型」「島型」等のレイアウトがあり、それぞれ特徴があります。討議の目的に応じた最適なレイアウトを選択することが大切です。

　依頼者（主催者）と十分に協議して設営に関する基本的な合意を得ておくことが会議の成否を握っているといっても過言ではありません。なお、複数のテーブルで同時に実施する際には、総括役のコーディネーターを依頼し、当初から企画・調整を担ってもらうと円滑に遂行できます。

2 討議プログラムの検討

　「1回限りの会議」か「シリーズで複数回開催する会議」での

ファシリテーションか、また会議の時間も意識し、検討テーマやプログラムを事前に設定しておくことが大切です。複数回の会議の場合、最終の到達目標に向けて、段階的な討議テーマを設定し、主催者と共有しておく必要があります。

　毎回の会議においては、「意見発表型」か「チーム作業型」とするかの会議形式についても、達成目標に応じて効果的な形式を事前に検討し検討プログラムづくりをしておく必要があります。テーマに応じて、コーディネーターが「話題提供」することで基本的情報をインプットしてもらう方法もあります。

　検討プログラムは、検討テーマと時間配分をプログラムとして参加者に配付することで共有化しておくことが効果的です。

2-4 ファシリテーションの基本的な場・環境づくり

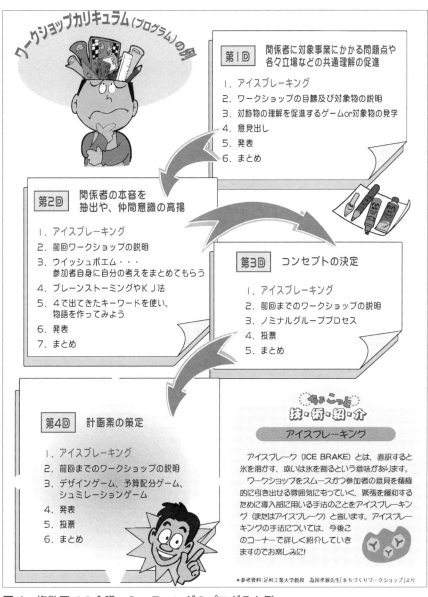

図-1 複数回での会議・ミーティングのプログラム例

3 準備物

分類	準備物	備考
印刷物	□次第・タイムテーブル	※参加者名簿を配布することもあります
消耗品	□模造紙	※マス目付の模造紙が再整理の際に便利
	□白紙	※取りまとめのパーツ作成用にA3判の白紙があると便利
	□付箋紙	※7.5cm角の付箋紙が便利/4色（黄/黄緑/青/ピンク）程度は準備
	□ガムテープ（養生テープ）	※会場設営、討議中の掲示の際に使用します
	□セロハンテープ	※検討成果が剥がれないように終了後テープで固定します
	□投票用シール	※□や○のカラーシール/地図上へのプロット、優先事業の投票に使用
備品	□名札フォルダー	※フォルダーあるいは名前シールを準備し、参加者が記入
	□フェルトペン／油性マーカー	※付箋紙への記入はボールペンではなくフェルトペンを使用
	□ホワイトボード（ペン）	※ファシリテーターの後ろにホワイトボードを配置
	□マグネット	※検討成果の模造紙をホワイトボードに
その他	□PC・投影機材	※話題提供やプログラムの投影に使用
	□飲み物／紙コップ／菓子類	※会議の雰囲気を和らげるために菓子類や飲み物を準備

ワークショップでの必要物品

①8色マーカー

ペン先を上手に使い分け細字・太字を表現したり、色を使い分けたりすることは、書き記した文章を全部読まなくても一目で主旨がわかるような表現や、キーワードの強調、みんなで出し合った意見の整理に便利です。

②模造紙

5cm角の薄い罫線が入ったものが文字や線をまっすぐ書くのに便利です。

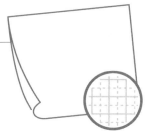

③付箋紙

意見を書くことにより、グループ内の意見の取りまとめや意見統一に有効です。

④ガムテープ

ワークショップ実践では、ファシリテーショングラフィックや各グループの成果発表など、模造紙を壁に貼り付けることが何かと多いものです。また、年表形式のように大きな模造紙を使って作業を行う場合には、机上で作業を進めるよりも、壁に貼り付けたほうが作業し易い場合もあり、ガムテープは必需品です。

⑤名札

参加者だけでなく、ファシリテーターやアシスタントも名札の着用は必須です。名札の台紙を複数色用意し、台紙の色でグループ分けすることも可能ですし、8色マーカーを使って名前だけでなく、自分をPRする一言を書いてもらうのも良いでしょう。

手法編　3　ファシリテーション手法

3-1 達成目標の設定・確認と会議方式の検討

1 達成目標の設定・確認

　会議やチームワークによる討議でのファシリテーションの意義・効果・必要性について、これまでに解説してきました。会議の形式についても、席次により参加者（委員）が着座している正式な会議から、席次が決まっていない自由な会議、テーブルを囲んで顔をあわせ簡単な作業も伴うワークショップ（以下「WS」と略す）形式の討議まで、様々なものがあります。

　例えば、まちづくりや観光・旅行商品づくりの現場においても、①まちづくり構想づくりのための会議・WS、②行動計画づくりやその具体化のための会議・WS、③事業参画を求めるための会議・WS、④事業の広報活動を主目的とした会議・WS、⑤行政・諸団体の担当者の意識改革のための会議・WS 等、私たちの仕事に直接関わる分野でも、会議・WS の目的は多岐にわたっており、当然ながら会議・WS の目標や構成・手順も多様となります。

　そのような会議・WS のファシリテーションにあたっては、会議の目的から達成目標を設定し、主催者に確認・共有しておくことが前提となります。図-1 は、ファシリテーターの最初の作業となる「目的・目標」と「構成・手順」を設定するための思考法について取りまとめたものです。つい、直面する会議の方法（会議の構成や内容、手順）から決めたくなるものですが、①まずは何のための会

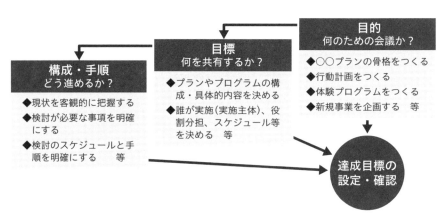

図-1 会議・WSの目的・目標と構成・手順を設定する思考法

議なのか（目的）を明らかにし、②会議目的の達成のために想定される会議内で共有することが求められる目標・着地点（達成目標）を見定めます。そして、③目標達成のためにはどのような形式やプログラムで会議を進めることが効率的・効果的か（構成・手順）を考えるのです。

そして、主催者に対し、①何のための会議かを示した上で、③の手順・構成で進めることで、②目標に到達することを企画書として提示します。複数回で開催する会議であれば、それぞれの会議の到達目標を示し、会議を重ねる中で段階的に討議が深まっていくことを提案します。そしてこの企画書を主催者と共有し、会議時には、目的と目標、そしてプログラムを参加者に示して討議の協力を得ることになるのです。

2 会議方式（形式）の検討

会議方式（形式）には、通常の会場内（室内）での討議に加え

て、現地探訪とセットにする形式や、講演会とセットにしてその後に意見交換する形式、WSの実施の前にコーディネーターによる当日のテーマに即した話題提供を組み合わせる等、最も意見が出しやすい雰囲気づくりに配慮することが望まれます。また、会議・WSの回数も、単発開催で合意形成を図るケースや複数回シリーズ化して段階的に討議を深めていくケース等、様々なケースが想定されます。**表-1**は、代表的な会議テーマ（目的）に応じた会議形式・会議の回数を例示したものです。

表-1 代表的な会議テーマ（目的）に応じた会議形式・会議の回数（例示）

目的（テーマ）	多く用いられる会議形式	会議の想定回数
地域個性の発見・地域課題の発見	現地探訪＋ワークショップによる検討	※複数回のシリーズで実施
観光商品・体験プログラムづくり	話題提供⇒ワークショップによる検討	※単発開催／シリーズ展開も可
△△計画の骨子検討	話題提供⇒ワークショップによる検討	※複数回のシリーズで実施
事業推進のための協力体制の構築（地域ぐるみへの機運づくり）	講演会＋（シンポジウム）※事例発表・意見交換による議論深化	※単発開催 ※体制づくりはシリーズ化
新商品の企画会議	ファシリテーターによる自由討論形式	※単発開催
自治会活動の課題と今後の展開	講演会＋意見交換会 話題提供⇒ワークショップによる検討	※単発開催 ※意識啓発を含めてシリーズ化
新規着任担当者研修	講演会⇒ワークショップによる検討	※単発開催／シリーズ展開も可

また、会議・WSの設営においては、参加が想定される方々が参加しやすい時間帯と会場の設定、会議の所要時間がカギを握っています。**表-2**はかつて㈶千葉県まちづくり公社が住民参加のまちづくりを活性化するための方策を導くために、行政職員と参加が期待される住民に対して意識調査をした結果です。調査結果によると、6つの問題点が明らかとなりましたが、その中で⑤の開催通知・会場設定に大きなズレがありました。住民（参加が期待される方々）にとっては開催の時間帯と所要時間、会場の設定を重視しているものの、行政はその点をあまり意識していないことが明らかとなりました。主催者としては、主催者側の都合で会議開催の時間帯と所要時間、会場等を設定しがちですが、参加してほしい方々が最も参加しやすくなるように設定することが、実はとても大切ことがわかります。

表-2　住民参加における行政と住民とが抱える問題点の所在の相違点

住民参加の問題点の所在	行政の捉えている問題点	住民の捉えている問題点
①行政の経験の乏しさと住民の参加の少なさ	●全体に参加者が少なく限られている **〜いつも出てくる人は同じ、立場上「顔」を出している……**	
	●職員の経験が不十分 **〜やったことがないので分らない**	●参加経験が少なく「参加意向保留派」が多い。 ●経験が増せば参加意向が高まる可能性もある
②住民参加への無関心さ		●住民参加のテーマに関心が持てない ●住民参加に対して根本的に無関心

③住民の主体性についての認識のズレ	●行政まかせや人材（リーダー）不在が問題と考えている	●行政まかせや人材（リーダー）不在は、あまり問題視していない
④住民参加の基礎となるコミュニティや意識の希薄さ		●皆なで参加しようとする「コミュニティ」が乏しい ●「住民参加」の必要性に対する認識不足
⑤開催通知・会場設定についての認識のズレ	●開催の周知や会場設定は、それほど問題視していない	●開催の周知や会場設定を重要視している
⑥活動運営の技術的な難しさ	●活動の雰囲気づくりや、有効・効果的な運営が難しいと感じている	

出典：㈶千葉県まちづくり公社（2003.3）「住民参加のまちづくり」

3 想定される参加者と参加しやすい時間帯

　表-3 は、これまでの経験から想定される参加者が参加しやすい時間帯を整理したものです。想定される参加者が住民や企業職員の場合は、平日の午後の開催が一般的です。ただし過疎地域や農村部等の高齢者の参加が多い場合は、午前中開催で正午前には終了するケースも少なくありません。逆にお母さん方の出席を求めるには、平日の午前は難しく、午後も子どもの帰宅時間に配慮した時間設定が求められます。また、自治体職員の場合は、週明けの月曜日に会議が開催されることが多いため、月曜日は避けた方がよいでしょう。商店街の活性化や研修会の場合は、商店街の共通の定休日や閉店後、女将の出席を求める場合は 20 時頃からの開催となることもあります。

宿泊事業者や旅館の女将の場合は、チェックアウト後、次の宿泊者を迎えるまでの時間帯に開催しました。港町でお寺さんの住職に参加を求めた際には、友引は同業の会議が入っているため、仏滅と、友引以外の日程が比較的空き時間が多いとお聴きしました。また、小学生等の子どもの参加を保護者同伴で開催する場合は、日曜日は家族でのイベントを予定することが多いため、土曜日の午後が比較的参加しやすいようです。

表-3　想定される参加者と日程設定の際に留意点

想定される参加者	日程設定の留意点
住民・企業	一般には午後。高齢者の場合は午前中の方が好都合の場合が多い。
住民（ご婦人）	昼〜午後の早い時間（子どもの下校前までに終了することが求められる）
自治体職員	平日の午後（※月曜日（特に午前中）は会議等のため避けられることが多い）
商店主・女将	18時か19時以降（※商店の閉店後/女将は20時以降で開催することも……）
宿泊事業者・女将等	チェックアウト終了後の10：30〜チェックインの始まる14：30までの間。
僧侶（お寺さん）	友引は他の業務が入ることが多いため、仏滅・友引以外の日程。
大学生（フリー参加）	授業のない期間（8月・9月/2月・3月）か、授業の空きコマ（水・金が比較的空き時間あり）
小学生（保護者同伴）	土曜日の午後が有力。日曜日は家族での予定が組まれることが多い。

4 会場のレイアウトの型と特徴

円滑な会議を進めるには、どのようなレイアウトにするかも関連してきます。会議のレイアウトには、①教室型、②扇形、③サークル型（円形）、④口の字型、⑤島型（アイランド型）があり、それぞれ**表-4**に示すような特徴があります。

表-4　会議形式・レイアウトとその特徴

会議レイアウト	特徴
教室型	○講演会や研修講座、会議の最初の話題提供に用いるレイアウト。 ○グループ討議や意見交換へと移行する際に、休憩時間を利用して、お互いの顔が見えるようレイアウトを変更する（サークル型や島型）ことが多い。
扇型	○教室型より雰囲気が和らぎ、一体感が生まれやすいレイアウト。 ○講師との意見交換や、参加者同士の意見交換も教室型より活性化する。講師（専門家）は、ホワイトボードに意見を書留めて「見える化」すると効果的である。
サークル型	○参加者の平等感が確保できるレイアウト。円の大きさによって会議の雰囲気は変化する。 ○ファシリテーターは立ったままで進行することとなる。ホワイトボードに意見を書留めて「見える化」すると効果的である。

ロの字型 	○公式の審議会や委員会に多く用いられているレイアウト。 ○席次によって会議の雰囲気は変化するため、席次が重要となる。 　※一般には、委員名簿（会長・委員長等の会の代表を除く）の順の席次とすることが多い。 ○意見が対立しそうな会議には不向きである。
島型（アイランド型） 	○まちづくりワークショップ（WS）に多用されるレイアウト。一つのテーブル（島）は6〜8人程度が一般的である。 ○各テーブルに意見の聞き出し役のファシリテーター（＋アシスタント）がつくことが多い。 ○複数の島をつくる場合は全体を総括するコーディネーターが必要。コーディネーターは入口に近い下手にテーブルを用意し、各テーブルのファシリテーターの会議の進捗を総括管理する。

　講演会や研修は、「教室型」での開催が一般的ですが、研修後に意見交換を開催する場合は、前半の講義後の休憩時間を使って「島型（アイランド型）」にレイアウトを変更して運営することも少なくありません。また、講演会後の意見交換や討論に重点を置く場合は、「扇型」にレイアウトすることにより、出席者の顔を見ながら会議が進行できるメリットもあります。公式の審議会や検討委員会は、通常は「ロの字型（会長・委員長席を独立する場合は「コの字型」）」としています。また、席次は出席者名簿の順とすることが一般的です。

　WS形式での会議の場合は、「島型（アイランド型）」とし、入口

付近に全体を統括するコーディネーターを配置します。また、島毎にファシリテーターが配置されます。ファシリテーターはコーディネーターが見える位置の壁側に席を設けるとよいでしょう。なお、プログラムの最初の説明や話題提供は、参加者はレイアウトされた島に着座し、コーディネーターは下手から共通の話題等を提供するのが一般的です。

3-2 会議の実施までの主な流れ

　会議の開催までに検討が必要な事項は**図-2**に示す通りです。会議の運営を専門家（コーディネーターやファシリテーター）に依頼することを想定している場合は、当初から専門的な助言を得るようにすると、円滑な会議が実現することになるでしょう。

　①目的・目標・構成と会議形式についての基本事項の設定は、前提となる検討事項で、先に示したとおりです。そのためには、②参加が想定される方々を想定・選定し、事前に参加への打診をしておくことが望まれます。次いで、③想定される参加者が参加しやすい開始時間と会議の所要時間、開催場所（会場）を設定します。並行して会議当日のプログラムを検討し、開催の告知資料（開催ちらし等）を作成、④会議の参加者の募集・動員を図ります。

　そこまでの準備が整ったら、会議当日の進行を見通したプログラムの詳細を検討し、⑤会議に必要な備品等の準備に入ります。当日の円滑な討議を誘発するために会議・WSの冒頭で関連する内容についての「話題話題」を求める場合は、専門家（コーディネーターやファシリテーター等）に会議・WSの目的と目標を伝えて、適切なテーマでの「話題提供」を簡潔にお願いしておく必要があります。

　最後に、複数回による会議・WSを想定している場合は、⑦会議開催後の分析・対応として、検討成果の公表、次回の会議・WSへの出席とフォローアップを忘れないようにしましょう。どんな会議にもいえることですが、会議・WSの記録の作成と配布は、参加し

なかった人への対応という点からも最も基本的な作業です。決定事項や会議風景、模造紙での成果やホワイトボードでの取りまとめ結果を写真撮影して活用する等、記録作成に時間をかけずに迅速に取りまとめておくことが重要です。「会議・WS通信」のような簡潔なレポートを参加者に送ることも次の参加につながるツールとして有効です。

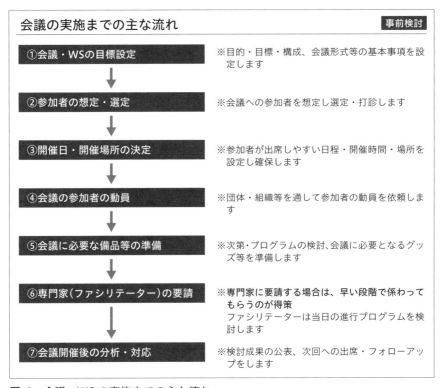

図-2　会議・WSの実施までの主な流れ

3-3 会議・WSの構成・プログラムの検討

1 プログラムとカリキュラム

　まちづくりワークショップの場に限らず、住民参加型のまちづくりにおいては、参加者の自己紹介やプランの事業内容案を決める際の得点ゲーム等のゲーム感覚での活動、KJ法による意見の整理等の手法を討議の中で組込まれることが多くみられます。このような個々の活動をアクティビティ（手法）と呼んでいます。そして、このアクティビティ（手法）がいくつか集って目標達成に向けてパッケージ化されたものがプログラムです。そして、複数のプログラムを系統立てて1つの形にしたものがカリキュラムとなります。

　1日限りの会議・WSの場合は、1回のプログラムを検討・実践することになります。主催者から求められた目的・目標達成のために複数回の会議・WSによって意思決定にまで導く際には、複数回を通した共通テーマと各回のプログラムの概要を体系立てたものが「カリキュラム」であり、個々の開催日での検討内容が「プログラム」にあたります（図-3参照）。

　ワークショップ形式での検討の場合、一連の流れをつくりあげるためには、計画するものの規模に関係なく最低でも3〜4回、十分に話し合う時間を確保するためには6回〜8回程度開催することが理想的です。開催の間隔は、記録の取りまとめやニュースの編集、次回の打ち合わせをするためにも1ヶ月に1回程度が一般的です。

3-3 会議・WSの構成・プログラムの検討

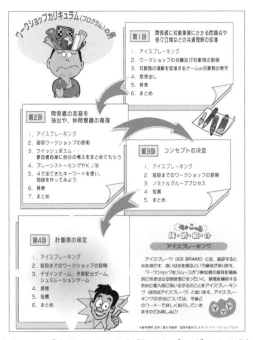

図-3 ワークショップカリキュラムと個々のプログラムの例（P.25再掲）

ただし、これ以上間隔をあけると参加者が前回のことを忘れてしまったり、気持ちの盛り上がりが途切れる恐れがあります。年度がまたがる場合は、予算の関係で、前年度の最終回（通常2月か3月が多い）と次年度の第1回の開催（早くても7月頃以降）との間隔が長くなる傾向があるため、次年度の第1回目の冒頭では、前年度の振り返りをしっかりとしておくことが必要でしょう。

2 カリキュラムのつくり方

　まちづくりワークショップにも起承転結を踏まえたカリキュラムづくりが必要です。

【起】〜気づきのカリキュラム

「なぜ・どうして今やっていることが必要なのか」、また「今やろうとしていることの根本の問題点は何なのか」等に気づいてもらうためのカリキュラムです。

【承】〜目的達成（問題解決）のための方法立案カリキュラム

しかしここではなかなか意見の統一がとれないかもしれません。ここであえて反対の意見が出てもその場での否定は行わないようにしましょう。

【転】〜目的達成（問題解決）のためのリフレッシュのカリキュラム

フィールド（場所だけではありません）を使い、遊びを取り入れ（祭りの様なイベント・食事会、他事例視察研究等）、参加者がリフレッシュでき、目的を再確認できるような、新たな発想が生まれる楽しいものを企画してみましょう。

【結】〜意見統一のための合意形成のカリキュラム

承のカリキュラムでとれなかった意見統一を、それぞれの意見を尊重して意見統一を行っていくことが大切です（例えばその意見を実際に採り入れた場合、どういった問題が出るか実際に試してみるのもいいでしょう）。

このようにワークショップを進めて行くわけですが、それぞれのカリキュラムの中にも導入部分・展開部分・整理発展部分・次への導入部分といった様にプログラムを構成して進めることもよいでしょう。こう見ていきますと「ワークショップって大変だな〜」と

思うかもしれません。

しかしワークショップの原則は、**"参加者が楽しみながら行うということ"** です。参加者が心から楽しめて、そして自分たちの行ったものが形となって残り、充実感を得てもらえれば、ファシリテーションしたことを大変だとは思わないでしょう。是非そういったワークショップを組み立てるように工夫してみましょう。

3 カリキュラム・プログラムの組立事例
―浅間・白根・志賀さわやか街道協議会（群馬県）

事例地域は、国土交通省の風景街道事業として関東で第一号の指定をうけた地域です。これまで地域では地域活動団体が個別に、①自然景観環境活動（草津・白根・万座をきれいにする会）、②ツール・ド草津（ツール・ド草津実行委員会）、③周知広報活動（浅間・白根・志賀さわやか街道協議会）を中心として、全国屈指の観光地域の連携に関する研究・検討、四季折々の自然景観を活用したイベントの開催、地域住民活動啓発のための広報誌作成などに取り組んでいました。

群馬県では事業をさらに拡大するため、浅間・白根・志賀さわやか街道協議会を設立し、街道ネットワークの担当者や活動団体メンバーの参加を求め、ワークショップ形式での検討を始めることとしました。

群馬県担当者は、最初にコーディネーターに助言を求め、2カ年での継続検討によって、地域の継続的な活動指針の策定を依頼しました。依頼を受けてコーディネーターが提案したカリキュラムの企画は、

①さわやか街道の行動目標をもつ（地域プロモーションのためのキャッチフレーズを含めて）
②来訪者（観光客）の回遊行動をトレースして地域の特徴・見所を再確認する
③地域としての活動方針を共有し、活動運営計画を定める
④活動運営計画にもとづく行動計画をつくる（既に実施している、行動したいと思っている内容を行動計画に位置づける）
の4つの事項にWS形式での対話を通して取り組む企画でした。

具体的には、さわやか街道の特徴を『「高原の環境」〜朝露が輝く、高原のさわやかな朝／幻想的な環境』におき、ワークショップを通じて、①高原のイメージをうる、②高原での多彩な体験をうる、③高原の旬と食をうるという意識を、日頃活動している参加者

表-5　浅間・白根・志賀さわやか街道の地域概要

【地域資源】
　浅間山や白根山を含む本地域は、避暑地・別荘地として古くから高名な軽井沢をはじめとして、自然豊かで雄大な景色を持っているとともに、草津、万座や湯田中、渋などの有名な温泉リゾートがある。
　上信越自動車道、長野新幹線などの高速交通網の整備により首都圏から大変近いリゾート地でもある。
　800万人の観光客が訪れる軽井沢を表玄関にして、浅間高原を縦断し、草津温泉から志賀高原へと続く道は、全長約200kmの山岳道路としても日本随一の優れた景観を有している。

に体感していただく内容で、検討プログラム内容として、

◆風景づくり～美しい景観・風景を創出する活動⇒景観づくり・環境づくり

◆自慢づくり～来訪者をもてなし、楽しませる活動⇒魅力・物語づくり・市民活動（人）・組織

◆活力づくり～観光振興による地域での経済活動の促進につなげる活動⇒産業づくり・観光空間づくり・地域巡りづくり

に関する検討を重ね、『活動方針・活動運営計画の骨子』を検討の最終成果とする内容でした。

表-6　浅間・白根・志賀さわやか街道のワークショップのカリキュラムと各回のプログラム・時間配分

年度	回数	プログラムの内容と時間配分
1年目 (2009)	第1回WS (2009/9/11)	【話題提供】集散往来が生み出す地域の活力・地域での取り組み方の極意 Program　〇地域の自慢を語る・地域の特徴・個性をあらためて語る（50分）
	第2回WS (2009/10/16)	①第1回WSの振り返り～自慢を地図にプロットしてみよう!!（40分） ②こんな地域になりたい!!　こんな地域にしたい!!（50分）
	第3回WS (2009/11/13)	【話題提供】人が巡ることで地域の磨きかけが、そして地域の活力の向上が…!!　～回遊方程式☆ルート・ノード（拠点）・情報発信（20分） Program ①さわやか街道全体のテーマ・アピールポイントとイメージ（40分） ②回遊パターンの検討・地域巡りのための仕掛け（45分）

3 ファシリテーション手法

1年目 (2009)	第4回WS (2009/12/4)	①〈前回つづき〉回遊パターンの検討・地域巡りのための仕掛け（45分） ②魅力ある街道づくりに向けての活動戦略を考えよう‼（80分） 1）美しさ維持のために⇒美しい景観づくり・風景づくり戦略 2）活力向上のために⇒活力ある地域づくり・ひとづくり戦略 3）魅力向上のために⇒魅力ある観光空間づくり戦略 4）知ってもらうために⇒積極的な情報発信・地域プロモート戦略
	第5回WS (2010/2/19)	【話題提供】展開に向けての優先順位を考える（10分） **Program** ①得点ゲーム～取組み事業の優先順位をつけよう‼（15分） ②活動内容（事業メニュー）をより深めてみよう‼（50分） ……人気のあった事業メニューについて、来年度以降に具体的にどのように取組むかについて話し合いましょう‼ 【総括】仲間をふやす（10分） ～一見さん⇒リピーター⇒ファン⇒サポーターづくりに向けて
2年目 (2010)	第1回WS (2010/9/10)	【地域講座】「嬬恋」の自慢と地域学習～ここは知ってほしい嬬恋の魅力（30分） **Program**　○嬬恋の魅力のベスト10～この魅力をこうアピールしよう（80分）
	第2回WS (2010/10/15)	【地域講座】「山ノ内」の自慢と地域学習 ～ここは知ってほしい山ノ内の魅力（25分） **Program**　○山ノ内の魅力のベスト10～この魅力をこうアピールしよう（80分）
	第3回WS (2010/11/12)	【地域講座】「北軽井沢」の自慢と地域学習 ～ここは知ってほしい北軽井沢の魅力（25分） **Program**　○北軽井沢の魅力のベスト10～この魅力をこうアピールしよう（80分）

2年目 (2010)	第4回WS (2010/12/6)	【地域講座】「六合」の自慢と地域学習～ここは知ってほしい六合の魅力（25分） 「草津」の自慢と地域学習～ここは知ってほしい草津の魅力（25分） **Program**　〇六合・草津の魅力のベスト10～この魅力をこうアピールしよう（75分）
	第5回WS (2011/2/25)	**Program** ①アド街っく企画会議─『各地域のベスト10を手がかりに地域をめぐるコースを考えよう（春夏秋冬）』（60分） ②行動計画の確認と今後の取り組みについて（35分）

3-4 会議の告知と設営・環境づくりの手法

1 会議の告知

　企業内での特命プロジェクトは別として、基本的に会議・WSの場は開かれたものであるべきです。しかしワークショップを開催して、ある程度の成果を上げるためには参加者の選定は必要です。ここでの参加者の選定とは、例えば対象地の地権者や事業者等、この人（組織）を抜きにまちづくりの計画や事業計画ができない人たちには漏れなく参加してもらう、ということです。

　関係者が多数になると予想される場合は、公募等によってできるだけ関心が高い人たちを幅広く、多様な立場から集めると、ワークショップをより創造的にし、議論の質をアップすることができるでしょう。また、組織や団体もできる限り多様な構成にしましょう。団体に属していても個人の立場で発言される場合は自由参加とします。

　また、行政、町会（自治会）への呼びかけも考えましょう。特に最初の段階で、自治会役員の方にワークショップの目的やスケジュールを理解してもらうことは、ワークショップの場をオーソライズ（公認させる）する上で欠かせません。ただし、検討する内容にもよりますが、自治会だけに参加者の呼びかけを頼ると参加者の幅が広がらない可能性があるので、市の広報やチラシの配布などによる一般市民への呼びかけや、子どもの参加が必要であれば学校やPTAへ呼びかけるなどの工夫をしましょう。

3-4 会議の告知と設営・環境づくりの手法

「浅間 白根 志賀さわやか街道」
地域回遊型ワークショップ(第二回)

～ 地域創発の街道運営を具体的に体験し始動しよう！ ～

■第二回ワークショップの概要
- □日　時：　平成22年10月15日（金）　13:00～15:20
- □場　所：　山ノ内町役場　4F　401会議室
- □おおまかな流れ

時間	プログラム	概要
13:00～	説明	―
13:10～	前回WSの振り返り	『地域カード　嬬恋』
13:20～	地域講座②	『「山ノ内」の自慢と地域学習～ここは知ってほしい山ノ内の魅力』 ～地域の講師が地域の魅力をアピールします～
13:50～ 15:20	ワークショップ	『山ノ内の魅力のベスト10～この魅力をこうアピールしよう！！』 ～どこが興味ありますか？・・・投票しましょう～

■今年度のスケジュール

回数	開催日・関係会場	WSのプログラム
第3回 WS	平成22年 11月12日 （予定会場：北軽井沢） ※地域学習が2地域のため、第3回は+10分	【WSの振り返り】前回WSの振り返り～地域カード・山ノ内 【地域講座③】「軽井沢」の自慢と地域学習 　～ここは知ってほしい軽井沢の魅力 【地域講座④】「北軽井沢」の自慢と地域学習 　～ここは知ってほしい北軽井沢の魅力 【WS】軽井沢の魅力のベスト10～この魅力をこうアピールしよう!! 北軽井沢の魅力のベスト10～この魅力をこうアピールしよう!!
第4回 WS	平成22年 12月3日 （予定会場：草津） ※地域学習が2地域のため、第4回は+10分	【WSの振り返り】前回WSの振り返り～地域カード・軽井沢 【地域講座⑤】「六合」の自慢と地域学習～ここは知ってほしい六合の魅力 【地域講座⑥】「草津」の自慢と地域学習～ここは知ってほしい草津の魅力 【WS】六合の魅力のベスト10～この魅力をこうアピールしよう!! 草津の魅力のベスト10～この魅力をこうアピールしよう!!
第5回 WS	平成23年 2月想定 （予定会場：嬬恋）	【WSの振り返り】前回WSの振り返り～地域カード・六合と草津 【WS①】平成22年度のWSによる検討成果の確認 　①「浅間・白根・志賀　さわやか街道」版・アド街っく企画会議 　②「地域情報カード」「さわやか街道カレンダー」 　③「ご当地検定の問題集」 【WS②】平成23年度の取組みに向けて

☆　今回会場
☆　次回以降予定会場

■今年度　ワークショップの目指すところ
- 目標①　地域の魅力を伝えること・地域の魅力を知ることで、「さわやか街道」をより身近に!!
- 目標②　より効果的に魅力を伝える方法を考えてみましょう～日本人の好きな「番付（ランキング）」
- 目標③　地域情報を着実にストックしていきましょう～ご当地検定につながる問題と魅力カードづくり

■今年度の成果（想定）

「地域情報カード（名刺サイズ）」

「卓上カレンダー」「絵葉書」

「ご当地検定の問題集原案」

図-4　WSへの参加案内（事例）
―浅間・白根・志賀さわやか街道WS―

2 設営と環境づくり

会場は、当日実施するプログラムによって会場設営形態が異なるので、プログラムの内容に応じて、実施のし易い広さ、使い勝手の良い会場、参加者に知られている会場を確保するようにします。当日の進行をイメージして下見をしておくことも大切です。また、現地探訪の後にワークショップを開催するプログラムの場合は、天候によるプログラムの変更などにも考慮する必要があります。

会場の設営にあたっては、例えば複数の討議テーブル（島）を囲んでの討議の場合は、全体を統括するコーディネーターの立ち位置は、入口に近い「下手」に設け、入口付近で参加者を迎えます。各テーブルには1名のファシリテーターを配置し、ファシリテーターは着席して、参加者を迎えます。ファシリテーター席は、進行中で困った時にコーディネーターに合図を送ることができるように下手のコーディネーターが見える席とします。

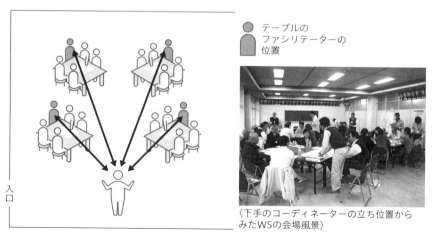

〈下手のコーディネーターの立ち位置からみたWSの会場風景〉

図-5　コーディネーターとファシリテーターの位置

【島（アイランド）型の設営のテクニック】

※① 入口に近いところが「下手」です。参加者は上手に着席していただくようにします。
コーディネーターは下手（入口付近）で参加者を迎えます。

※② 各テーブルのファシリテーター（🧍印）はコーディネーターが見える位置に座ります。
参加者が着席しないように、参加者が着席する前に席を確保します。

※③ ファシリテーターは進行中で困った際には、事前に共有した合図（赤いペンを振る等）により、コーディネーターを自席に呼ぶようにします。

※④ コーディネーターは、各テーブルを回遊し、検討の進捗状況を確認し、適切な助言をします。
ファシリテーターへのメッセージは、付箋紙などに記述し、参加者には見られないようにメッセージを伝えるようにします。

手法編　3 ファシリテーション手法

3-5 ファシリテーターの基本動作

1 ファシリテーターの基本的スタンス

　入門編でファシリテーションの意義・効果と役割について解説しました。円滑な会議・WSにおいては、ファシリテーターの役割はとても重要です。「中立性・公平性」「相互理解・合意形成」「楽しさ」の3つの原則を基本として、日常的にスキルを高めるよう訓練しておくようにしましょう。

①「中立性」と「公平性」を保って会議を進めます

　主催者と参加者との間に立ち、表面化されていないお互いの潜在的な意識を引き出して、建設的なアイディアによる新しい事業や計画を創り上げることがファシリテーターの仕事です。主催者との協議によって会議・WSの達成目標は共有してはいるものの、決して主催者側の意向に沿う結論に導くための討議ではありません。あくまでも「中立性」と「公平性」を保ったコミュニケーション活動を運営するようにしましょう。

②"見える化"を通して「相互理解」を得つつ、納得感をもって「合意形成」に導きます

　参加者から意見やアイディアを付箋紙に記入して発表してもらい、意見をKJ法等により分類する作業をともに実施することで

「相互理解」につながるよう会議・WSを運営します。また、ファシリテーターは討議の経過の中での共通するキーワードを導き、検討過程を図化することで"見える化"に心がけ、参加者への討議過程の振り返りを通じて参加者の納得感を得ることにつながります。最も大切なことは、「何が決まったんだろうか」という消化不良の討議にしないことと、与えられた時間内に強引に合意形成に導かないことです。あくまでも、導かれた結論に対して参加者に納得感をもっていただき、「合意形成」に達した内容のみを参加者同士が共有することです。ファシリテーターの焦りは禁物です。進行役・コミュニケーター役のファシリテーターが焦ると、参加者に伝播すると心がけておきましょう。

③ミーティングでは終始「楽しさ」を演出し、主体的な発言を引き出すよう努めます

「一体なにが始まるんだろう」「経験したことがないので不安だな」「課長も一緒なのに新人の私なんかが意見を言えるのかな」等、参加者は何かしらの不安をもって出席していることも少なくありません。ファシリテーターはその不安を取り除けるよう"楽しい"と感じてもらえる環境づくりに努めるようにしましょう。そのためには、提案のあった意見を尊重し、認め合い、感謝の気持ちを伝え、終始笑顔での対応が基本です。参加者も笑顔で会議・WSを楽しんでいただけるようになると、主体的な発言も生まれてきます。また、次の機会にも出席したいと思っていただけるようになります。

"楽しくなければ長続きしない"をモットーにして「楽しさ」の演出に独自のスキルを高めるように努めましょう。

2 ファシリテーターの立ち居振る舞い

　ファシリテーターは3つの原則を基本とし、堅苦しい会議・WSとならないよう服装や姿勢、顔の表現等の立ち居振る舞いには十分留意しましょう。時に、大きめのボディアクションを加えたり、歯の浮くような言葉を発することもいとわないことも大切です。「素晴らしいアイディアですね」「本日の討議を総括したキーワードですね、私の仕事をとらないでくださいよ（笑）」といった一言コメントを付け加えるだけで、参加者が納得して「合意形成」に近づけることにもつながります。

　逆に、討議の手順の解説や振返りを長々と話すファシリテーターもいますが、説得する場面ではないので、簡潔かつハッキリと話すように注意しましょう。

　主催者が会議・WSの雰囲気を見回ってくることも少なくありません。その際、討議・作業しているテーブルの後ろから腕組みや後ろ手で見学されることがあります。監視されているようですので、手は前に重ねるようお願いしてください。

　以下にファシリテーターの立ち居振る舞いのチェックリストを付けておきます。ファシリテーターを依頼された際に、事前にチェックしておき、終了後に滞りなく努められたら否かをチェックすることで、ファシリテーターとしてのスキルアップにつながることになるでしょう。

3-5 ファシリテーターの基本動作

☐笑顔で、明るく、表情ゆたかに、簡潔・はっきりと
☐参加者が堅くならないように、動きやすい服装で
☐姿勢良く立ち、適切に動いて
☐大きめのボディアクションを交えて
☐手は前に、腕組みはしない

3 ファシリテーション手法

参考事例 ファシリテーターからの実践記
―群馬県ファシリテーター養成講座修了者のコラム

コラム 滝沢さんの活躍〜次のステップへの橋渡し、WSの話の内容を一枚の模造紙にまとめる技を!!

パートナーネットワークを受講した翌年、第26回全国都市緑化ぐんまフェアサテライト会場で緑化フェアに向けての連携ワークショップを県内5会場で行うこととなりました。初めてのファシリテーター実践となり、尚且つ伊香保と六合村の2箇所のファシリテーターをさせていただくこととなりました。大下先生とは伊香保会場でご一緒させていただきました。

ファシリテーターは会議の進行役ではなく、会議や様々な人の意見を円滑にかつ合意形成のもとでまとめていくという役割をしなくてはなりません。多くのまちづくりワークショップではその地域の方々の意見を聞き、次の段階への橋渡しとなるようなかたちで合意形成をはかり、会議で話されたことが確認できるように一枚の模造紙に図や言葉でまとめる形をとります。

この緑化フェアサテライト伊香保会場では、近郊の大学生が多く参加されました。大学生ですので地元ではない人が多く、伊香保についての知識もあまりもたれていませんでした。

ファシリテーターとは意見の引き出し役をしなければならない訳ですから、何も意見がないということの会議の難しさを痛感しました。それでも参加者の方々からは伊香保に対してのおもい思いの意見をいただき、どうにかまとめることが出来ました。

ファシリテーターの第1歩として貴重な体験をさせていただきました。

◆ジオデザイン　滝沢細雪（平成17年度パートナーネットワーク講座修了）

コラム 剣持さんの活躍〜参加者の声を「心で聴くこと」等の3つの原則をもって……!!

私のファシリテーターデビューは、日本風景街道「浅間・白根・志賀さわやか街道」の活動計画を策定するワークショップでした。日本風景街道の活動エリアが私の出身地でもあったことから、大下先生の要請をお受けしたのですが、当日、会場に着き、参加者名簿を見てビックリ。名簿には、私と一字違いの氏名があり、「もしかして」と思いましたが、地元のNPO法人の代表として、父の名前がありました。さすがにデビュー戦から親子共演は厳しいので、大下先生に事情を説明して、担当を分けていただいた記憶があります。

長野、群馬と活動エリア内の各地域を転戦し、温泉や地元の名物、歴史・文化や多様な人々に出会えたことが思い出です。

私がファシリテーションでいつも心掛けていることは、スタートとゴールの明確化と共有。参加者の声を「心で聴く」ことと、自信と笑顔を欠かさずに発言しやすい環境をつくることです。この三原則を基本に、更なる技術の習得と実践を積み重ね、これからも、地域づくりに貢献できたらと考えています。

◆群馬県県土整備部都市計画課まちづくり推進係　剣持康彦（平成17年度パートナーネットワーク講座修了）

コラム 橋本さんの活躍〜女性部会のWSでの意見の引き出し役・まとめ役を!!

本市境島村の田島弥平旧宅は、「富岡製糸場と絹産業遺産群」の構成資産の一つとして、平成26年6月の世界遺産登録を目指しております。こうした中で、世界遺産登録を踏まえた市民協働によるまちづくりを推進するため、月1回程度、伊勢崎市境島村まちづくり推進会議を開催しております。同会議女性部会のワークショップでは、私を含めた2名の市職員がファシリテーターとなり、地元の皆様からの様々な御意見を引き出し、まとめる役を担っております。

私達2人は、まだまだ技術的に課題の多い、悪戦苦闘中のファシリテーターですが、境島村の皆様の熱意や大下先生のフォローに助けられながら、周辺環境整備やおもてなし対応に向けた積極的な意見交換が進められております。また昨年末には、本市職員のパートナーネットワーク講座修了生の有志による「群馬県まちづくりファシリテーター友の会」を結成し、職員同士の技術交流や情報交換を行なっております。こうした市民協働によるまちづくりやこれを支えるファシリテーターの技術力向上により、伊勢崎市をより魅力的な地域にしていきたいと考えております。

◆伊勢崎市企画部企画調整課企画係長　橋本　隆（平成22年度パートナーネットワーク講座修了）

出典：大下茂（2014.3）『魅力あるまちづくりの「パートナーネットワーク講座」の10年を顧みて〜"住民参加の時代"から"市民協働の時代"に向けての備え』、都市計画ぐんま（vol.20）

3-6 ファシリテーターの進行・運営の流れ

すでに解説したように、複数のテーブルで同時に会議・WS が開催される場合は、総括するコーディネーターの元に、ファシリテーターはひとつのテーブルの進行を担当することになります。その場合は、チームワークでの共通ルールや当日のプログラムはコーディネーターが説明をした後、チーム毎に討議が開始されます（**図-6**参照）。

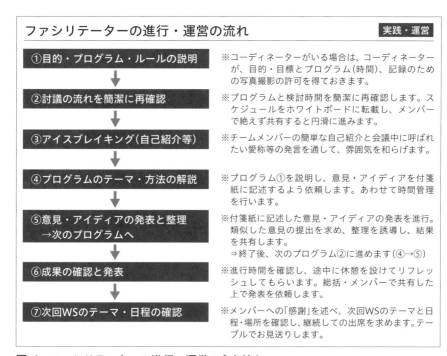

図-6　ファシリテーターの進行・運営の主な流れ

①目的・プログラム・ルールの説明／②討議の流れを簡潔に再確認

　テーブルの参加メンバーに対して、再度、当日の討議の目的、プログラムと時間配分を簡潔に伝えた後に、改めてテーブルで共有しておきたいルールを参加メンバーに知らせ、協力依頼をします。

③アイスブレイキング（自己紹介等）

　通常は、参加メンバーは初めて顔を合わされた方々の場合が多いです。最初に簡単な自己紹介と会議の中でどのように呼ばれたいか（愛称）等を順番に話をし、場の雰囲気を和らげるように努めましょう。話をいただいた際には、最初は拍手をしてもよいかもしれません。

④プログラムのテーマ・方法の解説

　最初のプログラムについての解説をします。チームワークに慣れるため、付箋紙に意見を書き出して発表していただくと効果的です。その際には、①一つの意見は１枚の付箋紙に記述すること、②付箋紙の色は指定すること、③付箋紙はボールペンではなくフェルトペンで記述していただくようお願いすること、④意見はいくつまで書いていただくかを示すこと、⑤書き出しの作業時間を指定することを伝えてください。ホワイトボードがあれば、書き出し作業の時間等をメモしてメンバーが共有できると円滑に進むことになります。

　ファシリテーターは、メンバーが書き出しをされている時間をつかって、発表の際に使用する模造紙の準備等をしておくとよいでしょう。

⑤意見・アイディアの発表と整理

　メンバーの書き出し作業の様子をみて、あるいは時間になったら、「まだご意見はあるかと思いますが……」と断った上で、発表いただくように進めます。その際には極力、アイスブレイキングでお聴きしたお名前（愛称）で発表をお願いするとよいでしょう。テーブルの中央に広げた模造紙にひとつの付箋紙を提出していただき発表が終了すると「発表された意見と同様のご意見はありませんか」と促すことで、発表の総時間を短縮化する効果も見込めます。また、発言の中で、「これっ!!」と思ったキーワードが出たら、「素晴らしいご意見です!!」といった風に意見を誇張しておくとよいでしょう。それぞれ毎の発言にも当然、ファシリテーターは感謝の言葉を添えるようにしてください。

　ファシリテーターは発表を聴きながら、どのように取りまとめをすれば共有できるかのイメージを頭の中で描くようにします。すべての付箋紙が提出し終わったら、口頭で簡潔に取りまとめて、類似した意見や、意見間の関連性を図化するようにしましょう。付箋紙の大幅な移動が必要と判断した場合は、「引越し作業をお手伝いいただけますか」と、共同作業をお願いすることで、テーブルに着いているチームメンバー内の一体感を生むことにもなります。

　そして、次のプログラムをお願い（④の繰り返し）している間に、最初のプログラムの意見をファシリテーターはホワイトボードに貼り付けて取りまとめの作業をしておくとよいでしょう。

⑥成果の確認と発表

　想定していたプログラムがすべて終了すると、当初の目的と照らし合わせて、チームでの検討成果を確認します。大切なキーワード

や共有・合意形成が得られた内容については、「下線」を引いたり、「!!」を付ける等の表現をするとよいでしょう。

　一般的には、プログラムの終了後には、各テーブルから討議内容を発表することになります。できれば参加メンバーに発表いただくのがよいのですが、無理強いはしないようにしてください。メンバーが躊躇されていれば、ファシリテーターが代わって発表するとよいでしょう。各テーブルからの発表が終わったタイミングで拍手することを忘れないようにしましょう。

⑦次回WSのテーマ・日程の確認

　シリーズでの開催の場合は、次回のWSのテーマと日程がある程度想定されていると思います。最後に参加者に対して、「皆様方のご協力をいただき、無事に進行を努めることができました」と感謝を述べた上で、「〇月〇日の次の会議でお会いできることを楽しみにしています」と付け加えることで、継続した参加につながる効果があります。

　また、当日の模造紙の取りまとめやワークショップグッズは参加者が退室された後に行いましょう。参加者が帰り支度をされている時から始めると、「早く帰って」と言われているように感じられる危険性があるためです。

3-7 討議の雰囲気を和らげる手法

　初めてあったメンバー同士が同じテーブルで討議や意見交換に臨むこととなるため、参加者は最初、緊張しているものです。その緊張感を解きほぐすことを「アイスブレイキング」と呼びます。直訳すると、「氷を壊す」という意味で、「緊張感で氷のように固まった雰囲気を和ませるために行うコミュニケーション方法」の意味として使われている言葉です。

　その代表的な手法は、先のファシリテーターの進行・運営の流れの中で解説した「自己紹介」です。単なる所属と名前だけではなかなか覚えられないため、「会議中に何と呼ばれたいか（愛称）」を発言いただければどうでしょうか。順番に自己紹介する際に、「○○さんの隣の△△と申します」という具合に、先に自己紹介した人の名前を加えると、名前を覚えていただくことにつながります。

　また、会場には、共通のテーブルを用意し、そこにチームワークの際に必要となるグッズの他に、飲み物とお菓子類を用意することも効果的です。会議の始まる前や、プログラムの合間などに小休止をとって、ティータイムを設けたり、ちょっとした背伸び運動を挟むことで、和らいだ環境となることも少なくありません。

風景街道のWSの2年目は、活動地域を順次廻る回遊式WSとしたため、ご当地の特産品を準備して会場におきました（写真左）。千葉県九十九里町での魅力創出のためのWSでは、参加者作の特産品の試作品が配られました（写真右）。

参考事例　**アイスブレイキングを兼ねたグループ分けの方法（例）**

◆整列ゲーム：参加者が、例えば誕生日の早い順番に一列に並び、順にチーム名を言います。
　例えば4つのグループであれば、最初の参加者は「A」、次が「B」、そして「C」「D」「A」「B」……。
　男女が別々に整列することで、各チームの男女構成比は同一となります。誕生日の他には、朝起きた時間や寝た時間等。参加者同士で会話する必要があるため、雰囲気が和らぎます。

◆受付で、好きな色や動物を選んでもらい、会場に入ってテーブルに示された色や動物のテーブルに着席していただくこともあります。同じ組織から参加した人が同じテーブルになりたい、あるいは別々のテーブルにつきたい時の対応も可能です。

3-8 話を聴き意見を引き出す手法

1 聴き方の技

　ファシリテーターは、特別なケースを除いて基本的には「聴くこと」を心がけましょう。意見・アイディア（提案）は受け止めることを基本としましょう。

　時として、曖昧な意見や長く話しを話される参加者もいます。その際には、①「……というご意見でよろしいでしょうか」と要約する、②要約が難しい場合は、発言を繰り返し（オウム返し）して参加者に再度の発言を求める、③プログラムの趣旨から離れた場合、意見の一部を採って言い換える等の方法により、参加メンバーが共有可能な発言に替えることもあります。

　発言いただいた参加者の内容に、時には「共感（すごいアイディアですね、気づきませんでした等）」の言葉を添えることで、その後、参加者は認められたことで主体的・前向きにプログラムに係わっていただくことにもなります。当然ながら、意見を頂いた参加者に感謝を述べることも忘れないようにしましょう。

　聴き方のテクニックとして「受動的聴き方（発言を受け留める聴き方）」と「能動的聴き方（発言に対して確認・誘導する聴き方）」があります（**表-7** 参照）。

　「あいづち」「うなづき」は発言者の不安を取り除いて気持ちを高め、やる気を引き出す効果があります。逆に、要領の得ない発言、

表-7 聴き方の6つのタイプ

受動か 能動か	聴き方のボキャブラリー
受動的 聴き方	①参加者の言うことを黙って聴く〜うなづきながら聴くということ
	②あいづちをうつ〜「そう」「まったくそのとおりです」「なるほど」
	③もっと話すように促す〜「それで」など、もっと参加者の発言を促すようにしながら聴く
能動的 聴き方	④繰り返す〜「……ということですね」
	⑤言い換える〜「……というご意見と捉えてよろしいでしょうか」
	⑥気持ちをくむ〜「……という言葉から……のご意見と考えてよろしいですか」

否定的意見、長い発言等の場合は、発言内容の繰り返しによって自発的に気づきを促す方法や言い換えて反応をみる方法等があります。

2 話し方の技

話し方の基本として、チームメンバーの呼び名（愛称等）を覚え、名前で話しかけることを基本としましょう。「あなた」や「次の方」と呼ばれるより、名前（愛称等）で呼ばれる方が、会議・WSに対する親近感はまったく異なるものとなります。

ファシリテーターは、他のチームに迷惑とならない範囲で「大きな声」で、かつ「ハッキリ」「ゆっくり」と話すように心がけます。時間内にプログラムを終了しないといけないという焦りから、つい早口になることが多く見られるため、特に「ゆっくり」は意識しておく必要があります。また、「え〜と」とか「あの〜」とかの

言葉は使わず、単語だけを並べても良いので、テンポよく話すことができるよう、日頃から訓練しておくようにしましょう。

ファシリテーターにありがちな留意点として、これからチームメンバーで実施するプログラムの解説を細かく解説した方がよいと思い時間を長く使ってしまうケースがあります。しゃべりすぎには十分注意し、簡潔に作業内容を伝えるようにしましょう。また、意見の確認にあたっては、説得調での話し方は避けるようにしたいものです。

ファシリテーションをしている中で、困ったことがあれば、コーディネーターに合図を送り、助言をもらうことも想定しておくと良いでしょう。

【参考】参加者からアドバイスを求められた時 ～「話す」か「聴く」かの判断は???	
ファシリテーターとして、参加者が困っているとき、アドバイスを求められることがあります。また、参加者自身は気がついていませんが、その参加者の行動や発言が、他の参加者を不快にしてしまうこともあります。このようなとき、次のように考えては如何でしょうか。	
知らずに他の人を不快にしてしまっている参加者に、プライドや面子をつぶさないよう、解決したいとき。	参加者自らが困っている内容について、主体的に取り組んでもらい、解決策を見つけてもらいたいとき。
話したほうが良い	**聴いたほうが良い**

Case 1

知らずに他人を不快にしてしまっている参加者に、プライドや面子をつぶさないよう解決したいとき。

Case 2

参加者自ら主体的に困っている内容に取り組んでもらい、解決策を見つけてもらいたいとき。

手法編　3 ファシリテーション手法

3-9 時間配分を意識し、時間を管理する手法

　小・中学校の時間割を思い出してください。1限は45〜50分ではなかったですか。人間の集中が持続できる限界が45〜50分であることに起因していると言われています。会議・WSも同様、ひとつのプログラムも大体50分程度にするよう意識して組まれていることが多いものです。

　ファシリテーターは、ひとつのプログラムに対して、①解説が○分、②付箋紙などへの意見・アイディアの書き出しが○分、③参加者からの発表が○分、④意見の取りまとめと見える化（図化）が○分といった具合に、作業を細分化し、チームメンバーにプログラムの時間配分を伝えて共有、場合によってはホワイトボードに転載する等、メンバーに対して「見える化」に努めましょう。付箋紙への書き込みが不得手なメンバーには、意見をお聴きして代筆しましょう。その際に地名や漢字が解らない時は無理をせず「カタカナ表記」でかまいません。

　発表の際は、順番にお聴きするのではなく、先に伝えたように「同様のご意見の方はいらっしゃいますか？」とお聴きして類似した意見の付箋紙を提出してもらうようにすると発表時間の節約につながります。

　時間管理はファシリテーターの仕事です。仮にアシスタントがついていれば、時間管理をお願いするとともに、コーディネーターへの進捗状況の連絡役や取りまとめの補助作業もお願いするとよいで

しょう。

　よくある状況として、時間が押していても焦らないようにしてください。ファシリテーターの焦りは、参加いただいているメンバーに伝播します。また、話し方として、つい早口になりがちですので、「ゆっくり」と「ハッキリ」と話すことの基本は守りましょう。コーディネーターはテーブルを周り、作業の進捗状況を把握するようにします。ファシリテーターへの助言は、付箋紙等に記述して伝えるようにしましょう。もちろんファシリテーターを焦らせるような指示は厳禁です。

　検討成果の取りまとめにあたっては、プログラム毎に簡単な意見の総括・取りまとめをしておくと、最後の総括が容易となります。また、プログラム間の関係性も随所に伝えておくと、プログラム間の関係性を「⇒」等でつなぐことで、チームメンバーの理解促進につながる「見える化」が可能となります。発表用の模造紙の整理等は、次のプログラムの説明をして参加メンバーが考えている（意見の記入中）の時間を利用して、一つ前のプログラムの整理をホワイトボード等に貼り付けて整理するようにしましょう。

3-10 意見・アイディアの共通性を見抜き達成目標に関連づける手法

　ファシリテーターは、会議・WSの達成目標に導くキーワードを事前に想定し、イメージしておくと、円滑な討議に導くことが可能となります。ここで大切なことは、あくまでも想定・イメージをしておくことであり、事前の想定通りに何が何でも誘導しようとすることではありません。あくまでもファシリテーターは「中立的」な立場であることを忘れないようにしましょう。

　参加者の合意を得て達成目標に関連付けるには、個々の意見・アイディアの「共通性」を示すことが有効です。会議・WSにおいて、同じキーワードが出ることもありますが、極めて希なケースです。例えば、ある参加者は、組織の維持管理の課題を、また別の参加者は人材育成、後継者の育成の話、収益性のある事業の必要性や、地域全体で進めたい等、一見バラバラの意見とみられますが、「地域ぐるみでの地域経営」という視点に立てば、経営に必要となる収益源、人材、組織論等、全ての意見・アイディアはこの中に含まれることになります。このようにより上位の概念で意見・アイディアを束ねることが「共通性」を見抜く技となります。これは会議中に『何のために』を意識することで閃くことになります。また、『誰（ターゲット）のために』を意識してみれば、別の括り方ができるでしょう。要は、立ち位置や専門性・視点等が異なる参加者の意見であっても、方向性が同質であることが確認できれば、意見・アイディアが共有できるのです。

WS形式ではなく、討議形式での会議（審議会や検討委員会、シンポジウム等）の場合は、発言のあった意見を要約して「小見出し」をつけて取りまとめておきます。TV討論会等でTV画面に小見出しが出るのと同様の方法です。他の出席者の発言骨子の小見出しとの共通項で括ること、時系列的（原因⇒結果）に取りまとめることで、会議の到達目標につながる意見・アイディアの集約・総括が可能となります。

　話をWS形式での会議に戻しましょう。WSで「共通性」のキーワードが導き出すことができたら、意見（提出された付箋紙）を括って、共通キーワードを示す「見出し」をつけるようにしましょう。

　ファシリテーターとして、発言者の「気持ちをくむこと」は大切です。しかし、ファシリテーターは、チームメンバーと同じ立ち位置で考える必要はありません。参加者からの意見・アイディアを俯瞰的に捉えることで「共通性」を見抜くことが可能となります。

　ファシリテーターとして最も大事であり、かつ高度なスキルが求められる場面が、意見の集約化であり、様々な意見・アイディアの「共通性」を見抜く技にあります。そのためにも事前の準備は必須です。会議・WSの目的とプログラムに求められている到達点から、様々なケースを想定して事前にいくつかのキーワードを携えて、会議・WSに臨むように心がけましょう。

手法編　3 ファシリテーション手法

3-11 意見を集約（再構築）し、流れと展開を意識して図化する手法

　意見・アイディアを集約することとは、先に述べたように、発言者の真の意図を踏まえ、メンバーからの意見・アイディアの共通性を導き出し、その共通性から会議・WSでの成果を「再構築（re-framing）」することです。特に意見の対立が生じる場面においては、否定的な意見を建設的な意見へと言い換えることを通じて、会議そのものがポジティブな雰囲気へ変わっていくこともあります。

　ファシリテーターは、意見・アイディアを図に表現することで、チームメンバーに対して「見える化」し、メンバーの納得感を得て総括することが望まれます。図化の方法は、ファシリテーターの個性によります。**図-7**は群馬県の風景街道で地域の個性を洗い出しするプログラムでの参加メンバーの意見を集約した例です。ファシリテーターの意識としては、地域の個性は様々なものがあり、それが一つの大樹となっている。また、その幹の根っこの部分には見えない個性があり、それが地域個性の本当の源泉となっているのではないか、というメッセージを再構築する中でチームメンバーに伝えているように見て取れます。課題の洗い出し（原因と改善策）のケースでは、魚の骨をイメージして原因や改善案を小骨に位置づけて整理・可視化する「フィッシュボーン図」という表現法もあります。

　通常は討議の過程を示して、共通性を□で囲んだり、「⇒」で関係性を示して「見える化」しています。

3-11 意見を集約（再構築）し、流れと展開を意識して図化する手法

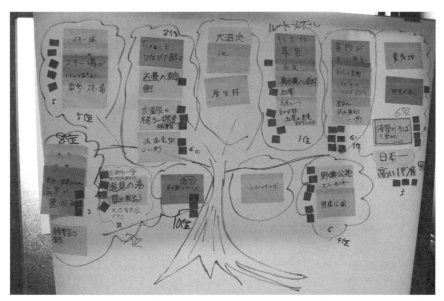

図-7 地域個性発見のプログラムを大樹で表現した検討成果（剣持氏の総括表現）
―群馬県風景街道（山ノ内会場でのWS）―

①発言者の言葉を活かして要約する。否定的意見は内容を言い換えて提示する
②枠で囲む、下線を引く等によって"強調"する
③「線」や「⇒」で結ぶ等により関係性を示す
④図解することで体系的に整理する

　図解のテクニックとして、「線で結ぶ」「囲み」「強調（!!）」等を基本とし、矢印（⇒）は多用しない方がよいです。右矢印（⇒）は「進化」「展開」、下矢印（↓）は「深化」「因果」を現す時に使用するのが効果的です。展開や因果関係を表現しない場合は、2軸で位置づけるポジショニングの図解手法が適しています。
　模造紙の上段はタイトル（プログラム）が書けるように余白を残して使用するようにしましょう。

3 ファシリテーション手法

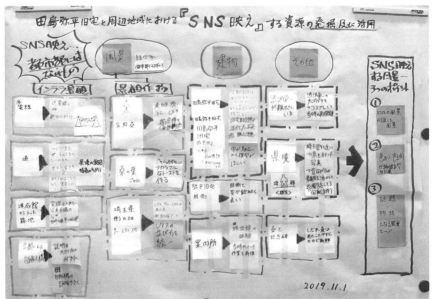

図-8 伊勢崎市境島村での学生 WS の討議成果（取りまとめの事例）

※伊勢崎市境島村では、世界遺産「富岡製糸場と絹遺産群」の構成施設のひとつである「田島弥平旧宅」がある地域です。毎年、帝京大学の学生が地域を訪問し、地域外の若者の視点から様々なアイディアを地域探訪の後に WS 形式で討議しています。

また最近は、会議・ミーティングの要点や結論を絵や図形などのグラフィックを用いてまとめる「グラッフィックレコーディング」の手法を用いられることも多くなってきました（**図-11** 参照）。要点や結論が可視化されるので、文章のみの情報よりわかりやすく、印象に残りやすいと注目されています。

図-9　参加者の意見を引出しつつ、2軸に位置づけて意見交換をファシリテートしている例
―群馬県甘楽町の観光まちづくり事業WS（参加者は役場の職員）―

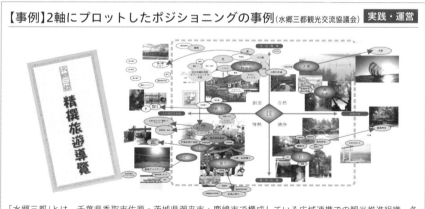

図-10　WSの成果を2軸にポジショニングして整理し冊子づくりに活用した事例
―水郷三都観光交流協議会（千葉県香取市佐原・茨城県潮来市・鹿嶋市）―

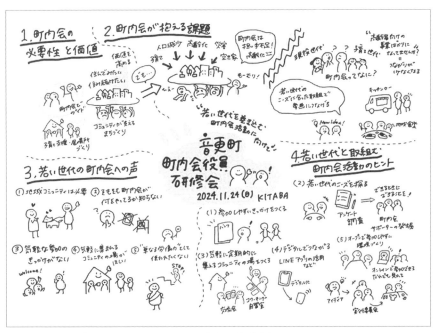

図-11　WSの成果をイラスト調で取りまとめた事例
（北海道音更町の町内会役員研修会の成果：㈱KITABA 松田沙織作）

3-12 参加者がプロセスと到達目標の達成を共有する手法

　想定していたプログラムが予定どおりに終了すると、ファシリテーターは、テーブル毎に検討のプロセスを振り返り、囲みや強調した箇所を中心に共有できた検討成果を確認します。確認にあたっては、主語を「わたしたちは……」と表現することで、他人事ではなく、"自分事"として捉えることとなります。何となく会議・討議を終了するのではなく、決まったこと・共有できたことを必ず確認するようにしましょう。

　複数のテーブルで同時並行的に検討を行っている場合は、それぞれのテーブルから発表することによって、チーム内だけでなく、参加者全員での検討成果を共有します。参加者が発表することが望ましいですが、決して無理強いはしないようにしましょう。その場合は、ファシリテーターが代わって報告するようにします。発表が終わったら拍手することを忘れないようにしましょう。

　なお、コーディネーターが全体を総括している場合は、会議の開始時に伝えた到達目標を意識した総括コメントを残すようにします。また、シリーズで開催している場合は、次回のテーマへとつなげる総括をするようにしましょう。

【WSによる討議の発表例】

千葉県御宿町での宿泊事業者の女将を対象としたもてなし講座での意見交換

群馬県さわやか街道WSの発表
―参加者自らが討議内容を発表（草津町にて）

【WSを盛り込んだ研修での発表】

研修にWSを盛り込んだ講座運営。代表チームからの発表
（左：市町村アカデミー／右：君津郡市広域市町村圏組合研修）

手法編　**3** ファシリテーション手法

3-13 会議・WSの終了後の対応

　会議・WSの終了にあたって、ファシリテーターは、「参加いただいたメンバーのご協力により時間内に当初の目標まで到達したこと」の感謝を伝えます。また、シリーズ開催の場合は、次回会議の達成目標の設定・確認と会議方法・会議の構成・プログラムを伝え、継続的に参加していただくことのお願いをしておきます。

　テーブルのメンバー全員が席を離れられるまでは、WSグッズの

図-12　WSでの検討成果をA4判1枚（裏表）で簡潔に取りまとめた事例
―北区観光振興プラン策定のワーキング検討での成果―

片付けや発表に使用した模造紙の仕上げ加工等の作業をせずに待ちましょう。参加者同士が話しをされていたり、会議・WSの余韻を感じている脇で片付け始めると、「早く帰って〜」というように感じ取られなくもありません。気をつけるようにしましょう。

　コーディネーターは出口で参加者をお見送りし、参加者の反応（開始前と終了後の違い）を確認します。終了後、主催者を交えて、コーディネーターとファシリテーターとで簡単なミーティングを行い、改善点等を共有し、次回以降のプログラムの作成やWSプログラムの改善に反映させます。

　当日の記録作成には時間をかけず、発表した模造紙やホワイトボード等の撮影写真を活用しましょう。また、検討成果は、参加者で共有するようにします。

手法編　3 ファシリテーション手法

番外・補充編

こんな処にも気配りを……

　手法編では、会議・WS の準備の段階、実践する段階でのファシリテーターの 13 の技・手法について解説しました。ここでは、伝えきれなかった手法を【番外・補充編】として紹介しておきたいと思います。

■写真撮影の留意点

　会議・WS において、無断で撮影することは〔NG!!〕です。コーディネーターあるいはファシリテーターは参加者に対して会議の冒頭で写真撮影の許可をとることが必須です。その際には、「会議風景や発表の際に記録として写真撮影させていただきたい」ことを伝えた上で、「あくまでも会議風景としての撮影で個人が特定されるような撮影はしないこと」と、「記録としての使用に限定すること」を伝えるようにしましょう。肖像権を侵害しないことを第一にします。

　子どもが参加している WS には特に留意しておきましょう。なるべく正面からの撮影は控え、後ろ姿や横からの撮影、あるいは作業をしている雰囲気が解るように手元に焦点を当てた画角の撮影をするように心がけます。

　討議成果を協働で作業をしている風景は、ファシリテーターしかベストタイミングでの撮影ができません。ホワイトボードに模造紙

を貼って討議している後ろ姿の撮影や、テーブルに広げた模造紙に取りまとめのキーワードを追記している風景等は、記録を作成する際に効果的な写真となりますので、プログラムの進行で気が張っている中でも、写真撮影にも少しだけ気を配っておく余力を持っていたいものです。

協働作業している写真や壁に成果を貼って合意に向かって討議している風景は記録を取りまとめる際に効果的な写真となります。

番外・補充編　こんな処にも気配りを……

フェルトペン使用の時の留意点

　付箋紙に意見を書き出していただく際には、ボールペンではなく、フェルトペンを使用いただくようお願いしてください。検討成果を取りまとめるにあたって、ボールペンでは発表の時に見えにくいとともに、検討成果を写真撮影した際にも判読できないことが多いためです。

　また、意見の取りまとめの際に、水性顔料インクのマーカーを使用することがあります。通常マーカーは、細字と太字を書き分けられるようになっています。太字の方は、ペンの使い方によって、太くも細くも書き分けられるようになっています。文字を書く時、線で囲む時、強調（☆）したい時等に、意識しておくとよいでしょう。検討プログラムのタイトルや意見の共通キーワード等の強調したい文字等では、横線より縦線を太くすると見栄えがするため、テクニックとして使ってみれば如何でしょうか。また、「黄色」のマーカーは遠望からは見にくくなります。黄色のマーカーでの文字は使用しないことが基本です（オレンジやピンクも避けた方がよいでしょう）。

太字のマーカーは、描き方によって"太く"も"細く"も描き分けることができます。意見の取りまとめの際に、自身の独自のルールをもって描くことを心がけましょう!!

WSのプログラムのタイトルや討議で導かれた共通する意見のキーワードを描く時、横線は細くして縦線を太くすると見栄えします。また、強調（☆）したい時は、色を替えて「注目させること」もテクニックの一つです。

■ 意見が出ない時の注意点と改善方法

　検討プログラムを適切に説明したにもかかわらず意見がまったく出ないことも少なくありません。ファシリテーターとして、"頭が真っ白"な状態になり、端からみていても焦っている状況が伝わります。つい、さらに詳細に解説しようとすれば貴重な時間を使うこととなり、逆効果となります。このようなケースでは、参加者がまだ緊張状態にあるか、聴き方・伝え方に問題があることが多いものです。

　例えば、「地域の良いところと悪いところをあげてください」というお願いの場合、「外から来た私に、"見せたいところ"と"見られたくないところ"を教えてください」というように、"私に教えてください"という伝え方をすれば理解いただくこともあります。また、「地域の課題をあげてください」というプログラムでは、「現在、お困りのことを私に教えてください」とプログラムの趣旨は変

えないで、尋ね方を替えることで円滑に進むこともあります。

　ファシリテーターは経験を重ねることで、ファシリテーターとしてのスキルは高まります。"頭が真っ白"な状態も経験することで、自身の改善に対する意識も高まるものと思ってトライしてみましょう。

■ 地域めぐりと組み合わせたプログラム実施の時の留意点

　地域課題や地域個性の発見等を会議・WSのテーマとなっているプログラムの場合は、地元のガイドさんと地域を回遊した後に会議・WSを組込んだプログラムとすることも少なくありません。既に解説しましたが、中止が求められる程の悪天候の場合の代替プログラムも想定・準備しておくことが必要です。また地域めぐりの際には、参加者に地域めぐりの範囲のMAPを用意、バインダーに挟んで配付し、記録としてのメモとして活用いただくようにするとよいでしょう。地域めぐりの際には、前後に案内人を配置する等、安

配付資料はA4判のバインダーに挟んでおくとメモも取りやすくなります。地域めぐりはガイドさんと十分に事前協議して当日を迎えるようにしましょう。
（写真：左は東京都北区／右は東京都府中市での地域めぐりの風景）

全性の確保にも配慮しましょう。

写真撮影もプログラムに組込まれている場合は、デジタルカメラやスマホで撮影された写真データをすぐに印刷できるように準備することや、インスタントカメラ（例：チェキ）を準備しておくと効率的です。

子どもが参加するプログラム実施の時の留意点

子どもといっても小学校の低学年・高学年、中学生等の年齢によって対応は異なります。一般に小学生の場合は、保護者同伴での会議・WSが望まれます。中学生ともなると、保護者同伴は嫌われるものの、同意書はいただいておくとよいでしょう（同意書内には写真撮影のことは記載しておくとよいでしょう）。会議・WSの参加にあたっては、行政の広報誌を通じた募集に加えて、小・中学校の理解と協力を得ておくと円滑かつ参加者の確保にもつながります。

保護者同伴の場合、確保する会場の大きさに配慮が必要です。参加者数の2倍程の広さは最低でも確保しておくとよいでしょう。お

保護者同伴の場合、保護者の方々はご自身のお子さんの活動風景を撮影しようとされるため、会場は広めの部屋を確保するように心がけましょう。
（写真：左は東京都墨田区／右は東京都府中市での子どもWS）

番外・補充編　こんな処にも気配りを……

子どもが写真に写る場合は、後ろ姿か風景の一部となるように配慮しましょう。
(写真：左は東京都府中市 / 右は東京都北区での子ども WS)

子さん一人に対して、1〜2倍の保護者が参加するのが一般的です。保護者の方々には、WSしている外側（会場の壁際）や後方に席を用意して見守っていただくことが通常ですが、お子さんが発表されるような時は写真撮影のために前に出てこられることも少なくありません。ファシリテーターとしては会議・WSの通常の進行・運営以外のことへの気配りが求められることになりますので、心の準備をしておきましょう。

　また、地域めぐりとセットのプログラムの場合、学校行事ではないことから地域めぐりの行程の中で子ども達は時として羽目を外す行動に出ることがあります。列の前方と後方での安全性の確保には十分に気を配りましょう。場合によっては、保護者さまに安全確保の協力を依頼してもよいでしょう。なお、先に留意点として示しましたが、写真撮影の際には十分配慮するように心がけてください。

発展編 　4　ファシリテーションのスキルアップに向けて

4-1 ファシリテーション終了後の振返りと改善に向けて

　ファシリテーターとしてのスキルを高めるためには、会議・WSが終了した直後に振返りを行うことが大切です。自身の得手・不得手を正しく理解し、不足しているスキルを日常的にも高められるようにトレーニングしておきましょう。そしてファシリテーションの次の機会ではよりよい進行が実践できるように努めましょう。

　巧みに進めているファシリテーターの進行を見学することもスキルアップには大切な機会です。「習うのではなく倣うこと、そして何よりも慣れること」が大切です。

	本日の会議・WS の振返りチェックリスト
会議日程・所要時間・会場について	□本日の会議・WS の目的・達成目標は適切でしたか？ □設定日時は適切でしたか？／参加者からのクレームはなかったですか？ □会議・WS 会場の場所は適切でしたか？ □会場の広さは適切でしたか？ □備品での不足はありませんでしたか？
進行に当たって	□参加者は緊張されていませんでしたか？ □プログラムの解説は端的に行えましたか？ □参加者から意見を巧く聴き出せましたか？ □参加者は意見の書き出しや発言に協力的でしたか？ □意見の取りまとめ（共通項の導き）は巧く進められましたか？ □意見の"見える化"—模造紙等での意見の集約・図化に苦労しませんでしたか？

4 ファシリテーションのスキルアップに向けて

進行に当たって	□参加者に今後の展開に期待していただける方向性を示すことができましたか？ □プログラム実施の時間配分は想定通りに進みましたか？ □参加者は本日の会議のチーム成果に納得感をもっていただけましたか？ □参加者は本日の会議・WS に満足されて帰られましたか？
ファシリテーション向上に向けて不足していると感じた点	**自身がファシリテーション技術として不足していると感じたスキルは？** □時間管理能力の向上 □質問力の向上と聞き出す能力向上・話術向上 □共通性を見抜く能力向上 □再構築する能力向上 □将来を見通す力と将来をリードするキーワードのストック □理解・共感を得るための表現法（図化テクニック）

発展編 4 ファシリテーションのスキルアップに向けて

4-2 ファシリテーション技術向上に向けての日常的習慣とスキルアップのトレーニング

　ファシリテーションの経験は、会話を通じた合意形成の大切さを知ることになります。その重要な役割を担うファシリテーターには、公平性・中立性を保ちつつ、時間管理の能力、意見を引出す力、合意形成へと導く力、将来を見通す力、わかりやすく表現する力が求められ、それらのスキルをさらに身につけたいと感じるようになります。

　これらのスキルは、日常生活の中で意識して習慣化することで鍛えることもできます。また日常生活の中でのちょっとした意識の改革によって備えておくことも可能です。スキルアップのためのトレーニングと構えず、日常生活の中で少しだけ気にかけて備えてみてはいかがでしょうか。

● **時間管理能力の向上**

　日常的な作業の際に、目標時間を設定して実際の作業時間と比べてみることで、自身の作業の"読み"を近づけることが可能になるとともに、5分、10分という時間を肌感覚で覚える力を得ることにつながってきます。

● **質問力の向上と聞き出す能力の向上・話術向上**

　コミュニケーション力（会話力）を高めることにつきます。日常会話の中でも「あいづち」と「うなずき」を行い、自然と実践でき

るようにしておくとスキルアップにつながります。

●共通性を見抜く能力の向上

　共通性を見抜く能力は、得手・不得手があり、トレーニングによって直接スキルアップするのは難しい能力であると理解していると、不得手な方には気が楽になります。会話の中で共通性を見出すには、会話をしつつ俯瞰してみることが大切となってきます。最初から高みを目指すのではなく、身近な会話の中で、言葉として出てきたキーワードの共通性を探そうという地道な努力から始めるとよいかも知れません。

●再構築する能力向上

　モノゴトの因果関係、あるいは将来展開から再構築する能力に集約されます。原因と結果に意見を仕分けること、日常の様々な出来事を題材に、これは原因、そしてこれはその結果、頭の中で現象を分解して「⇒」でつなぐトレーニングをすればスキルアップにつながります。

　将来展開については、次項のトレーニングを試してみるのもよいかもしれません。

●将来を見通す力と将来をリードするキーワードのストック

　関連する分野での新しい流行や話題となっていること・ものには、人の気を惹く「何か」が存在しています。絶えずアンテナの感度を高める努力を惜しまないようにしましょう。

　流行や話題性は人々の欲求が顕在化したものであり、まだ顕在化していない潜在的な欲求を推察することが将来を見通す力となりま

す。「人は何を求めているのか」を絶えず気にかけておくと、会議・ミーティングの中での一言が気になることも少なくありません。

● **理解・共感を得るための表現法（図化テクニック）**

　人は大別すると「時間人間」と「空間人間」とに区分されると我が師・故 渡邉貴介教授に教わりました。「時間人間」とは、論理展開に長けており、因果関係を明確にできる人、「空間人間」とは、思考が飛躍し時として思わぬ発想をする人のようです。「時間人間」は因果関係を図化、「空間人間」は"これっ"といったキーワードからの意見の集約を図化すれば、比較的容易に図化できるのではないでしょうか。情報誌・雑誌類には、図表を添えた記事が数多く出版・発行されています。図だけに着目し、"なるほど"と思った図解をストックして、その作法を真似てみるのもよいでしょう。

4 ファシリテーションのスキルアップに向けて

【参考】思考と表現術の参考として……

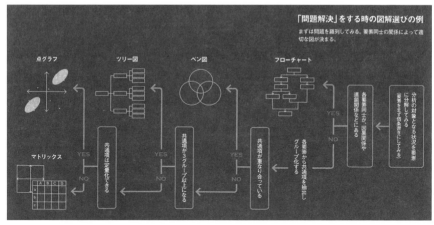

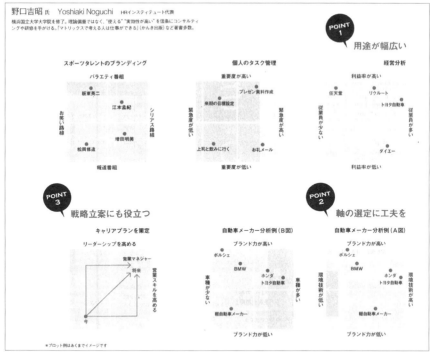

出典：日経ビジネス Associe 2008・10・7 p.23 と p.25、日経 BP 社

発展編 　4 ファシリテーションのスキルアップに向けて

4-3 ファシリテーション手法の活用分野

　ファシリテーション手法は、企業・組織での業務遂行上の課題・改善や、新規事業の企画会議等の他にも、様々な分野での適用が可能となります。我々が日常的に活動しているまちづくりの分野においては、「多様な主体による……」「持続性のある……」「組織・部署間の連携……」「未活用資源の活用」等、新しい事業・サービス内容やその事業化の方向性を明確にすることが求められてきています。

　ファシリテーション能力を身につけておくと、次のような分野での活躍も可能となります。

●各種の計画づくりのためのワークショップ
　総合計画を初めとして行政が策定する計画づくりに際し、住民を対象としたワークショップが開催されることが一般的です。その際には、コーディネーターを登用して、複数のテーブルで同時開催されるワークショップにおいて、ファシリテーション能力は必要不可欠なスキルとなります。

●各種の計画づくりの際のヒアリング
　同様に計画づくりの一貫として関係団体にヒアリングを実施することがあります。その際には、行政への陳情・要望の席とならぬよう、中立性・公平性を維持しつつ、計画に期待する取組みを幅広く

聴き出す能力、すなわちファシリテーション能力が活かされるのです。

●**審議会や検討委員会での意見交換（会長・委員長・座長）**
　審議会や検討委員会等は計画原案の承認のための組織として形骸化している会議もありますが、近年では検討プロセスを重視される向きにあります。会議では、それぞれの専門性という立場からの委員の意見が中心とはなりますが、意見の中から将来に向けての「共通性」を見出すことで、新規の事業化に向けての政策提言も可能となります。まさに、「中立性」と「公平性」を保ちつつ参加者の合意形成を図るファシリテーション能力を取りまとめ役の会長・委員長・座長が有しているかいないかで会議の到達点は大きな違いを生じることになります。

●**討論会の司会・進行やシンポジウムのコーディネーター・司会**
　討論会やシンポジウムは、新規の取組みを広報しようとする際に開催されることが多いものです。専門家からの意見を引き出しつつ、会場の参加者も巻き込んで、一定の方向性を共有することが求められることから、司会者あるいはコーディネーターはファシリテーション能力が求められます。逆の見方をすれば、ファシリテーション手法を有していれば、司会・コーディネーター役として適任であるともいえます。

●**まちあるき案内人・まちあるきガイドのトーク**
　まちあるき案内・ガイドさんは、まち情報の伝達役だけでなく、参加者の期待・願望を見抜いて適切なガイドが求められるプロとい

えるでしょう。まちあるきの現場が、まさに動く会議室・WSの会場であり、参加者が楽しいと感じる雰囲気を演出することが求められるのです。ある意味ではファシリテーション力が、まちあるきガイドさんの隠れたスキルといってもよいかもしれません。

　ファシリテーション能力は、他にも様々な活躍の場面があるでしょう。人が集まれば会話が生まれます。その会話が楽しい雰囲気となるように導く技は、日常の暮らしをより楽しく充実したものへと変えるチカラを持っています。それがファシリテーション手法なのです。

◆編著者略歴

大下　茂（おおしも しげる）

㈱KITABA 相談役　地域活性化伝道師（内閣府）登録

長岡技術科学大学大学院修士課程、東京工業大学大学院博士課程修了。博士（工学）博士論文題目『集客型地域づくり手法の体系化に関する研究』、技術士（建設部門都市及び地方計画）

清水建設㈱・㈱ポリテクニックコンサルタンツを経て、1989 年 9 月に㈱プランニングネットワークを設立、2001 年より東京工業大学工学部非常勤講師、立教大学観光学部兼任講師を経て、2012 年 4 月より帝京大学経済学部観光経営学科教授（2013～2017 年度／2021～2023 年度同学科長）。2024 年 3 月退職。まちづくりラボ・サルベージ㈱相談役も兼務、現在に至る。

〔審議会・委員会等〕
- 社会資本整備関東地方整備局道路小委員会＋バスタ新宿⇒全国バスタ会議／道路活動団体等
- 東京都観光事業審議会会長……第 22 次・23 次・24 次（～2025.7 まで）
- 地方自治体の総合計画審議会（群馬県伊勢崎市、埼玉県北本市、千葉県四街道市、千葉県多古町）
- 市民協働（千葉県佐原・香取市、千葉県四街道市、千葉県多古町、千葉県いすみ市）
- 観光振興プラン
東京都観光実行プラン（PRIME 観光都市・東京）、三重県桑名市、三重県松阪市、長野県塩尻市、東京都品川区、大田区、墨田区、北区、府中市、多摩市、千葉県香取市、千葉県多古町、群馬県甘楽町、茨城県ひたちなか市、水郷三都観光推進協議会
- 講座研修……単発の研修・講座は除く
市町村アカデミー、建設大学校（柏：運輸）、関東地整まちづくり担当者研修、千葉県君津郡市中級者研修、群馬県庁ファシリテーション養成講座、群馬県みどり市大間々（観光）、下仁田町（商店街）、みなかみ町新治（猿ヶ京温泉）、千葉県いすみ市（移住定住）、多古町（商店街）、木更津市（みなと再生／観光）、四街道市（観光）、君津市久留里（観光）、御宿町（観光）、九十九里町（観光）など

〔著書等〕
大下茂『行ってみたい！と思わせる「集客まちづくり」の技術』、学陽書房
大下・今野『志民協働による景観と観光をつくる戦略と手法』、共同文化社
大下・大森『三宅島観光白書　三宅島学』、ミライカナイ
大下・大森『三宅島観光副読本　私が知りたい三宅島観光　みんなに知ってほしい三宅島観光』、グローカルデザイン
岡本伸之編著『観光経営学』、朝倉書店　第 3 章「観光まちづくり」分担執筆　他
その他寄稿論説など　まちづくりラボ・サルベージの HP に掲載
http://www.labo-salvage.com/ShigeLab.html

■共著者略歴

酒本　宏（さけもと ひろし）
㈱KITABA　代表取締役
技術士（都市及び地方計画部門・総合監理部門）

1986年3月　北見工業大学土木工学科卒業
北海道大学工学部非常勤講師（コミュニティデザイン）
北海学園大学非常勤講師
札幌市　まちづくりセンターアドバイザー
北広島市　景観計画策定アドバイザー

これまで自治体の総合計画策定や都市計画マスタープラン、景観計画、産業振興計画、観光振興プランの策定、自治体の観光商品づくりや観光振興のしくみづくり、人材育成、中心市街地活性化や商店街活性化、エリアマネジメントなど、600を超えるプロジェクトでワークショップを実践してきた。

〔著書〕
　「道の駅」／地域産業振興と交流拠点　編集・共著
　「集落営農」／農山村の未来を拓く　共著
　「ご当地ラーメン」の地域ブランド戦略　共著
　「エコタウン」が地域ブランドになる時代　共著　など

松田　沙織（まつだ さおり）
㈱KITABA コミュニティデザイン室　室長

2016年3月　札幌市立大学　デザイン学部卒業

これまで自治体の総合計画策定や景観計画、町内会活性化を始めとしたコミュニティ活性化、観光人材育成、エリアマネジメントなど、100を超えるプロジェクトでワークショップを実践してきた。

■編集アシスタント略歴

岩田　洋和（いわた ひろかず）
まちづくりラボ・サルベージ㈱　副主任研究員

2004年3月　立教大学観光学部観光学科卒業
2001年4月　NPO法人まちづくり観光機構
2009年8月　認定NPO法人江戸城再建を目指す会
2012年9月　まちづくりラボ・サルベージ㈱

〔資格〕
　食品衛生責任者／群馬県知事認定　群馬県まちづくりファシリテーター

ファシリテーションの手引き書

2025年2月14日　初版第1刷発行

編著者　大下　茂
発行所　株式会社共同文化社
　　　　〒060-0033　札幌市中央区北3条東5丁目
　　　　Tel 011-251-8078　Fax 011-232-8228
　　　　E-mail info@kyodo-bunkasha.net
　　　　URL https://www.kyodo-bunkasha.net/
印刷・製本　株式会社アイワード

落丁本・乱丁本はお取り替えいたします。
無断で本書の全体又は一部複写・複製を禁じます。

ISBN 978-4-87739-416-5
Ⓒ OSHIMO Shigeru 2025　Printed in JAPAN